A metamorfose
é irreversível

A metamorfose
é irreversível

3ª reimpressão

Wandy Luz

Diretor-presidente:
Jorge Yunes
Gerente editorial:
Luiza Del Monaco
Editora:
Gabriela Ghetti
Assistente editorial:
Júlia Tourinho
Suporte editorial:
Nádila Sousa
Estagiária editorial:
Emily Macedo
Coordenadora de arte:
Juliana Ida
Assistentes de arte:
Daniel Mascellani, Vitor Castrillo
Gerente de marketing:
Cláudia Sá
Analistas de marketing:
Flávio Lima, Heila Lima
Estagiária de marketing:
Carolina Falvo

Copyright © Wandy Luz, 2022
© Companhia Editora Nacional, 2022

Todos os direitos reservados. Nenhuma parte desta obra pode ser reproduzida ou transmitida por qualquer forma ou meio eletrônico, inclusive fotocópia, gravação ou sistema de armazenagem e recuperação de informação sem o prévio e expresso consentimento da editora.

1ª edição – São Paulo

Preparação de texto:
Carolina Cândido
Revisão:
Leila dos Santos, Giselle Mussi Moura
Projeto gráfico e diagramação:
Valquíria Palma
Ilustrações:
Juliana Mota

DADOS INTERNACIONAIS DE CATALOGAÇÃO NA PUBLICAÇÃO (CIP) DE ACORDO COM ISBD

L979i	Luz, Wandy A metamorfose é irreversível / Wandy Luz. - São Paulo, SP : Editora Nacional, 2022. 200 p. ; 11cm x 16cm. ISBN: 978-65-5881-122-0 1. Literatura brasileira. 2. Crônicas. I. Título.
2022-1220	CDD 869.89928 CDU 821.134.3(81)-94

Elaborado por Odilio Hilario Moreira Junior - CRB-8/9949
Índice para catálogo sistemático:
1. Literatura brasileira : Crônicas 869.89928
2. Literatura brasileira : Crônicas 821.134.3(81)-94

NACIONAL

Rua Gomes de Carvalho, 1306 - 11º andar - Vila Olímpia
São Paulo - SP - 04547-005 - Brasil - Tel.: (11) 2799-7799
editoranacional.com.br - atendimento@grupoibep.com.br

7
Prólogo

15
no caminho
aprendemos

•

71
no caminho
florescemos

147
no caminho
nos tornamos

Prólogo

Desde que entendi que o que eu queria de fato fazer na vida era escrever, a ideia de publicar um livro soava como um grande e lindo sonho. Um sonho tão distante que, ainda que o desejasse com todas as forças, me parecia impossível sequer ousar acreditar que se realizaria.

Desde que me entendo por gente, já escrevia sobre o meu dia, a minha vida, os meus sentimentos, aflições e impressões do mundo nos meus diários. Ao longos dos anos parei de escrever nos diários e comecei a guardar os sentimentos só para mim. Vivi processos intensos de cura, mergulhei numa jornada incrível de autoconhecimento e senti fortemente que parte da minha catarse incluía expressar tudo que transbordava no meu coração através da escrita.

Comecei então uma página no Facebook em 2010, em que passei a postar os meus textos. Mas foi em 2016 que tudo mudou. Depois de debater por um tempo se deveria levar a minha escrita também para o Instagram, finalmente tomei coragem. Criei meu perfil e deixei a alma falar sem pudor através de cada texto ou frase que compartilhava.

A resposta das pessoas foi algo surpreendente e extremamente recompensador. Os números começaram a me assustar. Centenas de novos seguidores chegando todos os dias, centenas de pessoas compartilhando minha escrita rede afora.

Centenas de comentários, curtidas e mensagens chegavam e chegam diariamente, e eu só conseguia pensar em como era possível tudo aquilo, como era possível que tantas pessoas se interessassem pelo que eu tinha para falar através da escrita. Eu não entendia, e, honestamente, até hoje não entendo, porém sigo fazendo o que faz minha alma vibrar, o que faz meu coração feliz, o que me realiza.

Todo esse alcance que as redes sociais me proporcionaram resultou em conexões e convites muito especiais. As propostas para publicar meu primeiro livro começaram a acontecer e, apesar da imensa alegria que isso me trazia, eu não me sentia pronta. Não sentia que era a hora certa e tinha medo, muito medo de não ser boa o suficiente.

Muitas pessoas me disseram que eu estava cometendo um grande erro de não aceitar nenhum dos convites que estava recebendo, ou que deveria publicar por conta própria, porque o alvoroço que meus textos causavam nas redes e o *timing* eram perfeitos. Ouvia com frequência que, se eu não publicasse um livro naquela época, iria perder a oportunidade e talvez depois fosse tarde demais. Talvez as pessoas não tivessem mais interesse. Mas algo dentro de mim me dizia que na hora certa, do jeito certo e com as pessoas certas, iria acontecer. Eu sempre acreditei que o que é para ser tem muita força.

Dentre todas as propostas que recebi ao longo do tempo, uma me chamou a atenção. Em 2021, chegou a mim o convite da Editora Nacional. Extremamente honrada, senti a confiança que precisava e, pela primeira vez, tive certeza da minha capacidade e de que meu sonho se tornaria realidade.

Que sonho era a ideia de publicar o meu primeiro livro em uma das editoras mais tradicionais, com raízes fincadas por nomes reconhecidos da literatura brasileira. Que alegria e que privilégio ter profissionais tão competentes no que fazem acreditando no meu trabalho.

E uma curiosa coincidência a respeito desse convite serviu para reforçar tudo aquilo que tanto afirmo nos meus textos. Em meados de 2019, passei uma temporada em Portugal. Uma amiga querida me disse que gostaria muito de me colocar em contato com uma agente literária brasileira que também morava em Portugal. Eu me lembro de ter recebido o número da agente, mas não cheguei a entrar em contato, pois não sentia que era a hora para tal.

E essa agente literária, Luiza Del Monaco, foi exatamente a pessoa que, agora como gerente editorial no ano de 2021, me contatou em nome da Editora Nacional para que pudéssemos falar a respeito do meu livro.

O Universo não erra. Estamos sempre onde devemos e precisamos estar. Não há atrasos, desvios, não tem como acelerar o tempo de algo que está predeterminado pela magia do destino a acontecer.

Desejo que esse livro seja uma viagem, uma aventura e um lembrete de que, ao darmos o nosso melhor para a vida, para o mundo e para as pessoas, estamos plantando sementes no terreno fértil da potencialidade da vida, e que, cedo ou tarde, a colheita vem.

*Dedico este livro a você, leitor
e leitora. Com todo amor, carinho
e gratidão, agradeço por aqueles que
me acompanham desde que comecei
a compartilhar minha escrita e por
aqueles que escolheram este livro em
busca de conforto.*

*Foi o acolhimento e carinho
de cada um de vocês com o meu
trabalho que permitiu que este
sonho se realizasse.*

no caminho
aprendemos

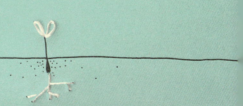

Como tudo começou

Eu tinha treze anos quando, por obra do acaso, encontrei o livro *O diário de Anne Frank*. Eu não fazia ideia de quem era ela e tampouco sabia o que o livro de fato representava. Me chamou a atenção o fato de ser um diário escrito por uma criança e, com isso em mente, comecei a ler.

Tomei gosto pela leitura desde muito nova. Passava horas na biblioteca do colégio passeando pelas tantas opções de leitura que estavam à minha disposição, descobrindo histórias e autores que aguçavam ainda mais a minha já fértil imaginação. Tudo que nutria minha criatividade me fascinava. Uma simples palavra lida no papel tomava proporções cinematográficas em minha mente. Construía mundos e histórias, brincava de imaginar.

Desde muito nova, sentia uma necessidade inexplicável de escrever sobre os meus sentimentos. Confiava meus segredos infantis a um diário que era como um relato de tudo o que acontecia no mundo real e nos mundos que inventava para mim. Por esse motivo, encontrar um diário escrito por outra criança me chamou a atenção. Me identifiquei imediatamente com Anne.

Em seu diário ela relatava os terrores da guerra, mas também falava sobre os dramas e percalços da adolescência e da vida, e do desabrochar de menina para mulher. Compartilhava os medos, as angústias, os questionamentos, os sentimentos. Apesar das óbvias diferenças entre a situação em que ela se encontrava e a minha, me conectei com a adolescente presente em Anne.

Mergulhando em seus relatos, me encantei, me diverti, ri e chorei. Alguns questionamentos então surgiram dentro de mim: Qual era o propósito de uma guerra se no final ninguém saía de fato vencedor? Por que alguém tinha que ser julgado, perseguido e condenado pela religião, pela crença que escolheu seguir? Por que tanta raiva?

Eram questionamentos que surgiram naquele momento e me acompanham até os dias de hoje. Nada daquilo fazia sentido no auge dos meus treze anos, e hoje também continua sem fazer.

"Não acredito que a culpa da guerra seja só dos governantes e capitalistas. Não, o homem da rua também tem a sua culpa, pois não se revolta."

Anne Frank

Lendo o diário de Anne Frank, entendi que a vida nem sempre seria justa com as pessoas boas e inocentes. Mas Anne me ensinou também que era preciso, apesar de tudo, continuar acreditando e tendo esperança. Ela ainda acreditava na bondade das pessoas e tentava enxergar o que havia de bonito ao seu redor.

Quando terminei de ler o diário de Anne, senti muito amor por tudo aquilo que ela havia escrito e também por ela. Percebi que as sensações que ela sentira anos atrás chegaram até mim somente porque ela as havia imortalizado por meio de suas palavras. Sua história teve o poder de me impactar porque tive a oportunidade de lê-la.

Compreendi, ainda adolescente, a importância de expressarmos nossos sentimentos e o poder da arte da escrita. Ela é capaz de transformar vidas.

Quando cheguei à biblioteca para devolver o livro, senti uma pontada no coração. Eu queria guardar aquele livro para mim. Queria poder abraçá-lo para sempre. Queria poder dizer para Anne o quanto a coragem dela me inspirou, o quanto a verdade dela ressoou forte em mim. Mas ao mesmo tempo entendi que, ao devolver o livro, outras pessoas teriam a oportunidade de serem impactadas por aquelas palavras.

E foi nesse instante que decidi. É isso que quero fazer. Quero criar magia com as palavras. Quero explorar esse poder que a expressão honesta dos nossos sentimentos tem. Quero chegar até os corações que se identificarão com o meu. Quero que alguém um dia, ao ler as minhas palavras, queira me abraçar também. Foi naquele instante que entendi que queria e precisava escrever.

(Não) engula o choro

Me disseram inúmeras vezes durante minha infância para engolir o choro — e foi isso que fiz por muitos anos. Era como se o meu sentir não fosse importante. O choro que, lido nas entrelinhas, permitia perceber minhas mágoas ou infelicidade com alguma situação, quase nunca era acolhido pelos meus pais.

Então, por muitos anos segui sorrindo por fora enquanto soluçava por dentro. Aprendi a fingir que estava tudo bem mesmo quando o mundo desabava sobre a minha cabeça. Eu achava que dizer sim querendo dizer não era quase uma obrigação. Deus me livre de magoar alguém com um não, mas tudo bem machucar a mim mesma a cada sim que eu dizia. Tudo bem ser injusta comigo, me magoar, me deixar de lado. Tudo bem engolir o choro, os sapos e sopapos que a vida me dava.

Doeu muito, me custou muito entender que não, não estava tudo bem. A estrada que me levou ao entendimento de que as minhas vontades, sonhos e felicidade importavam foi desafiadora e cheia de pedras.

Foi por meio da dor que aprendi que eu tinha voz e que era possível usá-la para me proteger, para me defender e validar o meu sentir. A jornada de entendimento e de reconhecimento do meu valor foi linda, mesmo que árdua.

Ainda caminho nessa mesma estrada, me buscando a cada nova encruzilhada, valorizando quem sou em essência, abraçando as sombras que hoje já não me assustam mais e batalhando pela minha felicidade. Essa é a única luta que vale a pena: a luta por nós mesmos. Não engula o choro. Não reprima os seus sonhos. Não negligencie as suas vontades e necessidades. Não suprima o seu amor, a sua intensidade e a sua sensibilidade. Não permita que as circunstâncias, por piores que sejam, te devorem. Não seja uma presa fácil para o mal. O que te move, o que te faz forte, o que te levanta quando as quedas são inevitáveis é o que te faz ser você mesmo. Lembre-se disso. Batalhe por isso.

Escolha a versão fluida da vida

Viver no passado é uma armadilha perigosa. É injusto deixar que o nosso eu de hoje julgue as atitudes e comportamentos da pessoa que fomos um dia. Nas minhas piores crises de ansiedade e depressão, me vi revirando as latas de lixo do passado e lamentando os erros que cometi, as oportunidades que perdi, o que deixei de falar e de viver.

Debruçada em tudo que poderia ter sido, mas não foi. Em quem eu poderia ter me tornado, mas não aconteceu. E depois de me embrenhar nesse aglomerado de pensamentos e emoções tóxicas, é claro que o resultado não poderia ser positivo. Doeu, machucou e me adoeceu, mas também me ensinou muito.

Aprender a olhar para trás com a perspectiva adequada foi um processo de salvação. Aprender a olhar para trás com amor, mesmo com uma pitada de dor e mágoa aqui e ali, foi o princípio da minha cura. A cura da alma que por tanto tempo andou doente. Por isso, aprendi que devemos observar nosso passado sem, no entanto, sermos participantes ativos daquilo que já foi.

Observe e absorva somente os elementos que você precisa para aplicar as lições que aprende ao longo da vida. Assim, você corre menos risco de repetir pensamentos, atitudes e comportamentos que não serviram para o seu crescimento.

Deixe ir aquela personalidade que não representa mais quem você é hoje. Deixe ir tudo aquilo que te ancora a uma versão sua que não te representa mais. Deixe ir todos os comportamentos, pensamentos, sentimentos e ações que não servem mais para sua evolução. Deixe ir as pessoas que não fazem questão de ficar. Escolha a versão fluida da sua vida. Acredite, você tem esse poder. Assim como tem o poder de experienciar versões rígidas, estagnadas e de resistência a tudo que te faz feliz. Escolha o caminho leve, pacífico e movido pelo amor. Eu não diria que este é o caminho mais fácil, mas com certeza é o que vale a pena, o mais bonito, digno, significativo e transformador.

A nudez da minha alma

Eu tentei lutar contra a ensurdecedora intensidade que carrego dentro de mim. Tentei sufocar a voz do meu coração. Tentei ser menos sensível, tentei controlar a maneira como sempre senti tudo e tanto. Eu tentei.

Mas, ao tentar sufocar minha verdade, sufoquei meu coração. Ao me afastar da minha luz, deixei de brilhar. A minha sensibilidade a absolutamente tudo é uma bênção e uma maldição. Porque sentir tudo e tanto sempre foi muito desafiador.

A tristeza e a alegria têm uma intensidade absurda no meu mundo. Às vezes é bem difícil encontrar o equilíbrio entre meus muitos extremos. Mas sabe de uma coisa? A decisão foi minha. Escolhi pagar o preço por ser exatamente como sou. Fiz disso a minha missão nessa vida.

E nessa corda bamba de emoções, sob um mar profundo de sentimentos, vou me equilibrando, me descobrindo, me acolhendo e me permitindo sentir, seja lá o que for. Entre dias escuros e iluminados, aprendi a celebrar a minha existência e tudo que me compõe. Eu deixei de buscar o meu lugar no mundo porque percebi que o mundo é meu lugar. Não preciso pertencer, me encaixar ou seguir os passos de ninguém, preciso somente ser com honestidade, com vontade, com verdade e com todo o amor que existe em mim.

Porto seguro

Seu maior amparo reside em você. Você é o único porto que te oferecerá verdadeira segurança e aconchego. Por melhores que sejam as intenções de outras pessoas, tudo o que elas podem nos oferecer é apenas um complemento, nada além.

Ninguém poderá nos proporcionar aquilo que só nós podemos nos dar. O amor, acolhimento e segurança que buscamos está, sempre esteve e para sempre estará em nossas próprias mãos. Esperar isso dos outros é receita infalível para decepções e frustrações. Não podemos terceirizar essa responsabilidade.

Quanto mais aprendemos a depender somente de nós, melhor será a qualidade dos relacionamentos que cultivamos. É, inclusive, nocivo, tóxico e injusto esperar que relacionamentos ou pessoas possam suprir faltas que nem mesmo nós sabemos que existem. É preciso navegar nas ondas do nosso processo de autodescoberta, procurando conhecer cada gota desse oceano que somos para podermos atracar em nosso porto quando precisamos descansar e recalcular a rota.

Invisível

Há anos decidi deixar o Brasil e me aventurar em outra parte do mundo. Londres foi o lugar que escolhi chamar de casa. Em que vivi experiências que me fizeram aprender mais sobre o mundo e sobre mim mesma. Em Londres, aprendi.

A cidade me ensinou muito sobre humildade, de todas as formas possíveis. Algumas positivas, outras nem tanto. Mas algo que me marcou muito foi o desdém com o qual a maioria das pessoas trata os funcionários dos trabalhos informais, muitas vezes chamados de subempregos, por serem não qualificados e de baixa remuneração.

Durante muitos anos fui uma dessas pessoas e senti na pele a indiferença e até mesmo o preconceito de muitos. Era como se o avental de faxineira, meu uniforme para limpar um escritório em que trabalhei durante um bom tempo, fosse, na verdade, uma capa da invisibilidade. Ninguém me olhava nos olhos, eram poucos e raros os que falavam comigo, os que me enxergavam.

Foi então que comecei a me questionar e me perguntar se de fato um uniforme, um trabalho, um título de faxineira ou qualquer outro título, poderiam me definir. Não demorou muito para eu aprender que aquele momento que eu vivia jamais definiria quem eu era em essência e que, independente das pessoas me enxergarem ou não, o que importava mesmo era como eu me via, como eu olhava para a minha trajetória.

Naquele momento específico da minha história, alguns sacrifícios foram necessários e cabia a mim me apresentar todos os dias para a vida com humildade e disposição para aprender tudo aquilo que o destino queria me ensinar. E, de fato, aprendi lições valiosas e transformadoras. Aprendi com essas circunstâncias que todas as nossas experiências são dignas de amor e respeito e que, desde que estejamos buscando pelo melhor com honestidade e vontade de crescer, devemos nos orgulhar.

Durante esse período, aprendi também sobre o poder da bondade e humanidade das pessoas. Mais impactante do que a frieza e indiferença da maioria era a gentileza de poucos. A cada pessoa que me enxergava, me olhava nos olhos, me dava bom dia, perguntava como eu estava e sorria para mim, a minha esperança e confiança no bem aumentavam.

Essas pequenas gentilezas que fazemos ou que nos fazem no dia a dia são declarações de amor disfarçadas. O ser humano nasceu para amar seus semelhantes independente de nacionalidade, credo, cor e tantas outras condições que, em vez de nos unir, apenas nos separam. Por isso, seja gentil sempre que puder. Com o maior número de pessoas possível. Talvez o seu sorriso possa mudar o dia de alguém. Talvez um simples bom dia possa fortalecer a esperança de quem anda cansado e desanimado. Sempre que possível, olhe nos olhos, se esforce para ver além das aparências. Talvez você esteja diante de alguém que se sente invisível há muito tempo e que com certeza ficará feliz em ser visto por você.

Os dias cinzas também são bonitos

É na peculiar beleza dos dias cinzas e frios que me sinto abraçada por essa força invisível aos olhos, mas fortemente perceptível ao coração. Há quem goste de ser beijado pelo sol, há quem goste de ser embalado pela melodia envolvente da lua.

Eu particularmente gosto de tudo isso, mas tenho uma queda pelo sussurro gelado do vento que toca não só meu rosto, mas também minha alma. São dias que, se pudessem falar, diriam representar a solitude e a melancolia. Esses dias conversam com meu íntimo. É no cair lento e silencioso da chuva que sinto a necessidade de abrir meu baú de recordações e viajar no tempo e na história, na minha história.

Ao caminhar e observar as árvores secas em uma manhã fria de inverno, me peguei navegando no mar turbulento das minhas emoções. Sempre que me conecto com a profundidade daquilo que habita em mim, transbordo. Por vezes as lágrimas lavam as memórias, às vezes é o sorriso que celebra os momentos que ganham vida novamente apenas por serem recordados. Então vem o vazio. Os espaços vazios. A angústia de não compreender por que nenhuma recordação ou momento presente é capaz de preencher esses espaços, por mais que a gente tente, lute e insista.

Há escuridão e há luz. Mas, se a luz me espera no fim do túnel, devo aceitar então que caminharei pelos espaços vazios no túnel da escuridão. E não seria a vida um eterno entrar e sair de túneis escuros para finalmente se reencontrar com a luz? Sigo questionando e sendo questionada pela vida, sigo buscando e me encontrando nas esquinas da dor e no conforto do amor.

Nem antes, nem depois

Quando nosso coração é dilacerado pela despedida de alguém que amamos, muitas vezes pensamos que não suportaremos a dor. Mas, cedo ou tarde, ela se ameniza, as feridas começam a cicatrizar e a sensação de que não conseguiríamos viver sem aquela pessoa vai se desfazendo.

Cedo ou tarde a vida nos ensina que é preciso continuar, é preciso superar e seguir em frente. Ficam as boas memórias, as lições que aprendemos e devemos honrar e o agradecimento por tudo o que vivemos e pelas pessoas que encontramos. Todas as situações têm como objetivo nos servir, nos ensinar e colaborar para nossa evolução.

Por vezes, pode parecer difícil compreender esse conceito. Quando estamos passando por situações complicadas, pode ser custoso relembrar que tudo acontece exatamente como deve acontecer, tudo termina exatamente quando deve terminar: nem antes, nem depois. Nem cedo ou tarde demais. Confie no tempo dos seus processos, confie no tempo das despedidas e chegadas, confie no tempo da sua vida.

    O que é teu jamais errará o caminho até você, porque o que é para ser tem muita força. Então, deixa ir, deixa chegar, deixa terminar, deixa a vida acontecer.

Me amar e me acolher, em todos os momentos, em todas as fases

Lutei e tenho lutado muito para me tornar uma pessoa melhor e para seguir confiando nos desígnios do Criador. Me orgulho por ter enfrentado tantos desafios sem perder a minha capacidade de acreditar no melhor que a vida pode nos oferecer.

Ao relembrar minha trajetória e pensar em tudo que já fiz, entendo a importância de confiar. Moro há anos longe de casa, distante de tudo aquilo que sempre me ofereceu segurança e acolhimento. Durante minha vida, aprendi novos idiomas, conheci culturas e pessoas do mundo todo. Cada um desses momentos foi e tem sido a minha grande fonte de inspiração.

Quando olho para trás, vejo erros, dores, decepções, traições. Mas, ao olhar no espelho, vejo que tudo isso foi transformado em força e motivação para seguir em frente. Quando vejo que a minha fé sempre foi maior do que todos os meus medos, sinto uma imensa gratidão por tudo ter sido exatamente como foi.

Aprendi muito sobre mim nesse processo de me tornar minha melhor versão. O maior de todos os aprendizados foi o de me aceitar, me amar e me acolher em todos os momentos, em todas as fases, ciclos e processos, porque entendi que ninguém mais poderia fazer isso por mim.

Hoje meu maior desejo é o de continuar me encontrando e me reconhecendo nos altos e nos baixos da vida, porque o que mais me toca nesta jornada é aquilo que aprendo sobre mim.

Ao batalhar para me tornar a minha melhor versão, descobri quão forte, determinada e corajosa eu sou. E o que mais me emociona é olhar para quem já fui e me orgulhar de quem me tornei.

Abrace a solitude. Converse com o vazio

Quando o barulho do mundo é silenciado, damos voz ao coração. Na correria do dia a dia, por vezes, não percebemos que as vozes que estão nos conduzindo pouco sabem sobre nós. Ao nos deixarmos levar por opiniões, percepções e condicionamentos alheios, acabamos nos perdendo daquilo que realmente importa: o que somos em essência.

Quando estamos no modo automático, não conseguimos compreender nosso sentir. Os pensamentos ficam confusos, as ideias se atrapalham e acabam por se atropelar em nossa mente. Quando a vida deixa de ter sentido e pensamos em desistir, nos sentimos desconectados de nossa essência. Não obtemos nenhuma resposta aos nossos questionamentos e a alma clama por calma.

Nesses momentos, o descanso se faz necessário. O Universo nos convida a desacelerar, olhar para dentro e contemplar. Quando as luzes se apagam e ficamos sozinhos, tendo como companhias apenas nossa consciência e nosso espírito, é quando temos acesso ao tipo de pessoa que temos sido e ao tipo de vida que temos levado.

Então, aprenda a descansar, aprenda a silenciar, aprenda a ouvir a voz sábia da tua intuição. E se para isso for necessário se afastar de pessoas, coisas e lugares, faça-o sem medo. Abrace a solitude. Converse com o vazio, reencontre-se consigo mesmo, você não vai se arrepender.

Cura

É para frente que se anda, nós sabemos disso. Mas, se quiser se curar, é importante saber rever algumas questões do passado. Foi isso que eu fiz. Meu passado foi marcado por muitos traumas.

Infelizmente as lembranças boas são poucas, mas temos somente uma história. Essa é a minha, a única que terei. Então, apesar de não poder mudar o que já foi, eu decidi mudar o que eu faria com tudo o que me aconteceu, e sei que essa foi a decisão mais sábia a ser tomada.

Para me curar de tudo aquilo que durante tanto tempo machucou profundamente a minha alma, foi preciso me conhecer com profundidade. Se eu pudesse desenhar um mapa cujo prêmio final, o tesouro tão avidamente procurado, seria a cura para todos meus males, a libertação de crenças que limitam e o reencontro com a essência que foi perdida ao longo da vida, eu diria que o caminho a ser percorrido é o reverso daquele que julgaríamos necessário.

A busca pelo tesouro começa com a decisão corajosa de olhar para trás com carinho e disposição para encarar a dor nos olhos, para destapar as feridas e senti-las arder. O caminho começa no ato de voltarmos ao ventre de nossa mãe e refazermos todos os passos que demos até chegarmos onde estamos hoje.

Ao longo desse trajeto, vamos amando e honrando nossas raízes, nossa família, nossos antepassados, e perdoando aqueles que precisam do nosso perdão. É preciso refazer os passos dados com amor e compaixão, principalmente por nós mesmos. Nossos erros e acertos nos trouxeram até aqui, esta é uma grande verdade. Tudo tinha que ser exatamente da maneira que foi.

Mas talvez, ao olhar para trás e fazer o caminho reverso, a gente perceba que nossa bagagem da vida tem sido muito difícil de carregar, pois a cada instante que passa a enchemos com mais rancor, mágoas, frustrações e questões mal resolvidas. Carregamos cada um desses pertences conosco, entulhando-os cada vez mais na mala sem deixar nenhum ir embora e tornando nossa jornada mais cansativa, lenta e dolorosa.

A única forma de nos desfazer de pesos desnecessários é nos livrando da culpa que sentimos e da culpa que colocamos em cima de pessoas ou determinados acontecimentos. A libertação desses pesos cura, mas para experimentar e usufruir da leveza doce dessa liberdade é preciso olhar para cada fase de nossa vida, para cada pessoa que cruzou nosso caminho ou que trilhou a caminhada conosco, e aprender a amar sem julgar. É preciso olhar para trás e amar mesmo sem entender, mesmo sem concordar.

A cura só acontecerá se nos dispusermos a perdoar, a amar e aceitar o que não pode ser mudado.

Aquilo que nos desmorona é também o que nos (re)constrói

Só quem já teve suas estruturas e bases sólidas destruídas pelos acasos do destino sabe o quão difícil é se reconstruir. Mas ao longo dos anos aprendi que tudo aquilo que nos desmonta, quebra e desmorona é também o que nos impulsiona, nos ensina e nos (re)edifica.

Na dificuldade nos encontramos com a nossa versão mais frágil e vulnerável. Quando nosso mundo se resume a destroços e poeiras dos sonhos e desejos não realizados, de amores não correspondidos, de rejeições dolorosas, de despedidas que jamais gostaríamos que tivessem acontecido, temos a oportunidade de conhecer a nossa versão mais corajosa e forte, pois sabemos que já não há mais nada a perder.

Descobrimos do que somos feitos quando não temos outra opção senão ser forte. E são nesses momentos que demonstramos grandeza ao aceitar e admitir com humildade que é preciso refazer, reconstruir e tentar de novo.

Existe muita honra no ato de recomeçar. Existe uma força imensurável nas pessoas que não perdem a fé em si mesmos e na vida. Existe um poder sobrenatural nas pessoas que insistem em fazer dar certo. Jamais subestime o poder que o extraordinário exerce sobre você.

Recomece quantas vezes for necessário. Existe uma faísca de luz que vem da energia soberana, bondosa e acolhedora do Criador te iluminando e ajudando a enxergar o caminho para que você siga trilhando essa história que se propôs a viver mesmo quando os dias ficam estranhos e sombrios.

Contemplar novas perspectivas

É preciso aprender a tolerar a incerteza, porque muito da vida está além do nosso controle. Ao invés de questionar, reclamar ou resistir ao fluxo que nos convida a aceitar a força de sua correnteza, precisamos dedicar nossa energia concentrando-nos no que podemos de fato controlar: nossa opinião, nossos impulsos, nossos desejos, nossas aversões e nosso estado mental.

Os sentimentos, atitudes, crenças, escolhas e vontades dos outros estão fora do nosso controle. A tolerância à incerteza traz grandes recompensas, mas ninguém nos ensina sobre como lidar com isso. A maioria das pessoas presume que a incerteza significa um resultado negativo, mas, se olharmos mais de perto, o que encontraremos serão oportunidades de contemplar novos conhecimentos e novas perspectivas.

Subidas emocionantes e descidas desesperadoras

Estaremos sempre nos equilibrando na gangorra das emoções, dos momentos e acontecimentos da vida. Os altos e baixos são tão certos como a luz do dia e a escuridão da noite.

Por isso, a nossa busca pelo equilíbrio deve ser real, honesta e acolhedora. É ilusão achar que nos sentaremos confortáveis e equilibrados no centro da gangorra e lá permaneceremos. É humano aceitar e entender que teremos subidas emocionantes e descidas desesperadoras. É isso que chamamos de fluxo. É isso que chamamos de jornada. Esse é o caminho.

É sobre aprender com o medo, com o caos, com a dor, com o desespero. É sobre evoluir com humildade com as vitórias, conquistas e realizações. Aproveite a vista quando estiver no alto. Observe e aprenda com os detalhes do fundo do poço e perceba como é extraordinário viver.

Aprendendo, crescendo e evoluindo

Não foram as brisas leves e águas tranquilas da vida que me transformaram em tudo que sou. Porque, como diz o ditado, mar calmo nunca fez bom marinheiro. Foi durante as piores e mais assustadoras tempestades que descobri a verdadeira força que habita em mim. Foi diante do ódio que descobri a fonte de amor inesgotável que sempre fluiu em mim.

Quando o caos se instalou e me paralisou, durante muitos momentos da minha caminhada, entendi que eu precisava mais de mim do que de qualquer outra pessoa. Na solidão compreendi que, por mais que eu espere, chore e me rebele, ninguém vai me salvar. Ninguém além de mim pode me salvar. Eu sou a única pessoa capaz de promover as mudanças que tanto espero dos outros e da vida.

Foi na confusão, perdida na multidão dos meus pensamentos, que me reconheci, me encontrei, me amei e finalmente pude me reconhecer por tudo o que sou. Acolhi minha imperfeição com amor, porque só eu sei do meu esforço, da minha vontade de ser e de fazer melhor. Por isso, já não me importo tanto com as cobranças, imposições e opiniões de quem nunca se esforçou para me conhecer verdadeiramente.

Aprendi a não exigir de mim mais do que posso oferecer, aprendi a não buscar nos outros a completude do amor que só eu posso me dar. Aprendi a me dar um tempo e a me dar créditos pelas minhas conquistas, superações e aprendizados.

Aprendi que minha paz e saúde mental são inegociáveis e que minha felicidade não está à venda. Me comprometi com a minha verdade e a liberdade de ser exatamente como sou. Aprendi a mudar sem dar muitas explicações. Aprendi a me reinventar, aprendi a me levantar com graciosidade depois de cada tombo. Aprendi muito e sigo aprendendo, sigo crescendo, sigo evoluindo.

E isso, sinceramente, é tudo que me importa.

As suas aventuras

Aprenda a esperar pelo inesperado. Esteja preparado para um caminho não linear. Esteja preparado para virar à esquerda, à direita, para sair da rota, mudar de caminho, subir, descer, cair, levantar. Esteja preparado para avançar, retroceder, desbravar, se aventurar, esteja preparado para se arriscar. Esteja disposto a seguir o fluxo. As voltas e reviravoltas da sua jornada são as suas aventuras, as suas viagens, os seus processos, as suas explorações, as suas descobertas. Tudo o que te acontece é para oferecer uma reflexão, uma lição e para validar e reforçar quem você é, em essência e verdade.

Pequenas permissões abrem espaço para grandes invasões

Muitos de nós, senão a maioria, crescemos acreditando que para ser uma pessoa boa é preciso relevar. É nesse ponto que precisamos traçar uma linha tênue entre relevar algumas coisas corriqueiras que de fato não merecem nossa atenção e permitir que as pessoas nos desrespeitem, fazendo com que nossas próprias vontades sejam anuladas.

Perdoar é necessário, mas voltar a conviver com o que e quem nos machucou, não. É importante que a gente aprenda a estabelecer limites, a não ter medo de exteriorizar nossas opiniões, nossas dúvidas, medos e seja lá o que for. Ninguém tem o direito de decidir nada por você, ninguém tem o direito de julgar suas escolhas.

Lembre-se de que o seu espaço começa onde termina o do outro, mas deixe bem claro que o seu espaço é só teu e cabe somente a você decidir como as coisas funcionam por lá. Aprenda a dar voz às suas frustrações, aprenda a dizer adeus para todos aqueles que não te aplaudem da mesma maneira que você os aplaude.

Às vezes, rostos familiares que você acreditou serem definitivos na sua vida acabarão por sair de cena. Mas a vida segue e o show tem que continuar, com você sendo o astro principal de sua peça. Lembre-se de que você só precisa de quem precisa de você também. Que você saiba a diferença entre amor e apego. Que você saiba a hora certa de dizer não, mesmo que isso te custe alguns dias de tristeza. Não aceite nada que não caiba no seu mundo, porque se estiver difícil de encaixar é porque não é para entrar. Solte, desapegue, deixe ir. Permita sorrisos, verdades, permita somente o que estiver fundamentado no amor.

Por mim

Que eu seja melhor, que eu faça melhor, não por obrigação, não para que os outros vejam, mas por amor. Que eu seja melhor por amor à minha história, para homenagear e fazer valer todas as cicatrizes acumuladas e para honrar o caminho percorrido até aqui. Que eu seja minha melhor versão, por mim e por toda essa vontade que carrego no peito de ser feliz. Que eu conquiste e realize todos os meus sonhos pelo meu esforço, pela minha coragem e determinação. Que eu passe pela vida de cabeça erguida, com sorriso no rosto e com orgulho de ser quem eu tenho batalhado tanto para me tornar. Eu quero passar pela vida fazendo com que ela valha sempre a pena. Não quero apenas existir para assistir enquanto minha vida simplesmente passa por mim.

Luxo é ter amor

Aprendi a observar e a ouvir mais do que falar. Entendi que ter voz também tem a ver com saber calar. Barulho não é sinônimo de sabedoria. Já o silêncio às vezes é. Aprendi a me importar menos com o que não merece de fato a minha atenção. Aprendi que, às vezes, a abundância também pode ser minimalista. Respirar o ar puro da natureza, jogar conversa fora com os amigos, uma refeição em família e tantas outras coisas, aparentemente corriqueiras, podem nos preencher muito mais do que conquistas ou bens materiais.

Aprendi a valorizar a qualidade e o conteúdo mais do que a quantidade. Aprendi que luxo é ter amor. Sucesso é ter paz. Aprendi que ostentar riqueza material é o jeito mais triste de tentar ser feliz. E que o status de maior prestígio é aquele em que, para ser, não precisamos ter.

Entendi que só posso experimentar a liberdade quando me permito viver a vida que eu escolhi viver, e não a que os outros esperam que eu viva. Aprendi que a gratidão é a pílula para a alma doente e que a felicidade vem quando tudo aquilo que pesa, sufoca e bloqueia vai.

Reciprocidade

Para uma vida leve, feliz e de qualidade, a reciprocidade e o amor-próprio devem ser inegociáveis. Devemos nutrir somente relacionamentos afetivos, amizades e relações profissionais em que haja o esforço para manter o equilíbrio entre o dar e receber.

Se só você se esforça, não vale a pena. Se só você doa e se doa, não faz sentido, não é saudável. Não desperdice energia vital tentando forçar situações que não fluem naturalmente. Não desperdice nem mais um dia tentando fazer alguém gostar de você ou te valorizar. Se a sua verdade trouxer desconforto às pessoas que te cercam, afaste-se. Jamais sinta-se na obrigação de se desculpar por ser verdadeiro, autêntico e por se amar o suficiente para não aceitar nada a menos daquilo que você merece.

A vida é reflexo

A vida é sempre boa, mas a vida que levamos depende daquilo que decidimos acreditar, da forma que escolhemos ver o mundo, as pessoas, e de quem escolhemos ser.

Para o mal, a resposta será sempre o amor. Para a dor, a resposta será sempre a fé e a confiança de que existe um propósito para tudo o que vivemos. Para toda angústia, o único conforto é confiar na sabedoria e no poder curativo do tempo. Diante do caos, a saída é buscar a paz de dentro para fora.

Porque reclamar e se vitimar não muda, não resolve nada. Escuridão atrai mais escuridão. O ódio intoxica, contamina e atrai mais negatividade. Para sobreviver às tempestades, precisamos aprender a dançar na chuva, celebrando a força dos trovões com a mesma leveza com que permitimos que os raios do sol toquem a nossa pele. A vida é reflexo. Sorria e ela sorrirá de volta para você.

Sem ferir ou passar por cima de ninguém

A vida pede flexibilidade, leveza e adaptabilidade. Nunca estaremos cem por cento preparados para nada e, por mais que não queiramos, algumas situações chegarão sem serem convidadas. Há momentos em que acreditamos ter controle total. Aqueles que planejamos com detalhes, prevendo possíveis reações e calculando cada rota. E, muitas vezes, são esses que mais nos descontrolam.

A verdade é que, por mais que a gente planeje, antecipe e organize, nada poderá nos preparar para o que vem a seguir. Houve uma época da minha vida em que estava casada, vivendo uma vida estável e aparentemente feliz. Planejávamos começar um negócio, mudar de país e construir uma família. Literalmente do dia para noite, fui surpreendida com a decisão repentina do meu marido de querer a separação. E numa situação dessas, o que fazemos com todos os sonhos, planos e expectativas? Desde então aprendi que não posso permitir que meu coração caia na armadilha da ansiedade do que está por vir, do que pode acontecer, do que pode dar errado ou do que pode dar certo.

Aprendi que o melhor que posso fazer por mim é viver um dia de cada vez, recebendo e enfrentando cada situação com coragem. Corrigindo minha perspectiva, colocando amor nas minhas intenções e fazendo o que é certo, o que é bom para mim e para a minha felicidade, sem ferir ou passar por cima de ninguém.

Nossa boa intenção não é permissão para o desrespeito

Nossos limites são sagrados. É nosso dever fazer o que for preciso para defendermos nosso espaço tanto quanto devemos aprender a respeitar o espaço do outro também. É preciso saber a hora certa de ir embora quando nossa presença deixa de ser valorizada da forma que merecemos.

Nossa boa intenção jamais deve ser permissão para que confundam bondade e generosidade com fraqueza e submissão às decisões, opiniões e vontades alheias. Seja bom, mas saiba também se impor para defender a sua saúde mental, sua dignidade, sua integridade e sua felicidade.

Aprendendo a construir castelos

Alguns processos são extremamente desconfortáveis. Mas, quase sempre, são esses os que mais nos ensinam. Por isso aprendi a não classificar meus processos como bons ou ruins, porque todas as coisas são boas. Todas as coisas têm como objetivo nos servir. Pode parecer balela para muitos, mas, se pararmos para pensar, o que de fato torna algo ruim é o que acreditamos que não está certo, por vezes sendo condicionados por crenças limitantes.

Alguns sentimentos ou acontecimentos "ruins" servirão para mostrar quais partes nossas precisam ser curadas. É assim que entendemos que relacionamentos, por vezes, precisam terminar e que mudanças precisam acontecer em nossa vida. Afinal, apesar de sabermos que são necessárias, não temos coragem de enfrentar a dor que elas causarão.

Bom e ruim são atribuições de valor subjetivas, e quando entendemos que temos em nossas mãos o poder de definir o que fazer com as pedras que encontramos pelo caminho, nos libertamos e aprendemos a construir castelos. Porque até mesmo as coisas mais difíceis de superar podem ser boas se escolhermos nos atentar às lições que elas têm para nos ensinar.

Aprender a deixar ir

Eu sempre li muito sobre o tal do "deixar ir" e achei que compreendesse bem essa ideia. Foi somente quando senti na pele, na alma e nas entranhas que percebi seu verdadeiro significado e entendi como respirar fundo e me entregar. Deixar a misteriosa e inexplicável força regente da vida me levar.

Ao me entregar ao desconhecido, senti como se estivesse me devolvendo para mim. Como se estivesse finalmente retomando o controle daquilo que sou. A ideia é contraditória, eu sei, mas a verdade é que, ao abrir mão do controle daquilo que nunca pude e soube como controlar, eu retomei o controle da única coisa que realmente está e sempre estará ao meu alcance: o meu sentir, o meu agir, os meus pensamentos, a forma como escolho me ver e como decido interagir com o que a vida me apresenta.

Deixar ir é simplesmente permitir que a vida e as pessoas sejam o que precisam ser e aceitar que, a qualquer momento, tudo pode mudar. A qualquer momento as pessoas podem ir embora. Até mesmo nós podemos ir embora. Deixar ir é ter consciência e reverência pela inevitabilidade do destino.

Deixar ir mesmo quando dói. Deixar ir mesmo quando sentimos medo de como será a vida sem as coisas, lugares e pessoas que estamos deixando para trás.

Deixar ir quem não faz questão nenhuma de ficar.

Deixar ir o que precisa ir.

Saber a hora certa de encerrar ciclos, de fechar as cortinas do espetáculo que termina, saber a hora certa de sair de cena ou de acompanhar alguém até a porta de saída é dizer ao Universo "obrigada por tudo que me foi permitido viver até aqui, estou pronto para o novo".

Estou pronto para mais. Estou pronto para o melhor.

Que os ventos do destino acompanhem com generosidade e gratidão tudo aquilo que precisou partir! Que os ventos do destino nos tragam com suavidade e amor tudo aquilo que precisa chegar, tudo aquilo que precisa ficar.

no caminho
florescemos

O melhor que eu puder, com o que eu tiver, onde eu estiver

Em 2006 eu deixei o Brasil, minha casa, minha família e minha zona de conforto em busca de algo que desse sentido à minha vida. É incrível pensar que já se passaram tantos anos nessa jornada que escolhi trilhar. Foram muitas experiências que fizeram de mim o que sou.

Limpei banheiros, fui faxineira, garçonete, babá, lavei louças em restaurantes. Tenho orgulho de cada uma dessas etapas que me levaram até realizações incríveis como ser apresentadora da Rede Record Internacional, assistente de embaixador e até funcionária do Bill Gates.

O que mais me orgulha é a minha capacidade de levar pancada. Não estou falando de pequenas pancadas que nos deixam atordoados por alguns instantes. São porradas que a vida nos dá e que nos deixam no chão. Mesmo assim, soube me levantar e tentar. De novo e de novo, até dar certo.

É surreal olhar para trás e ver que aquela mesma mulher que um dia estava lavando privadas também é a mesma que fez a sua primeira entrevista na Rede Record de Londres. Fui de recolher pratos num café a fazer a cobertura do casamento real do Príncipe William, vendo a rainha Elizabeth II bem ali na minha frente. Acordar às três e cinquenta da madrugada e ir dormir às vinte e três horas, após ter trabalhado quinze horas por dia, possibilitou-me estar sentada numa mesa de reunião cara a cara com o Bill Gates. A pessoa que um dia passou pela imigração sem falar nada de inglês é a mesma que recebeu elogios pelo conhecimento do idioma vindos direto do embaixador com quem trabalhava.

Eu nunca me importei somente com o dinheiro, o status e os títulos. Minha prioridade sempre foi fazer o melhor com o que se apresenta no meu caminho. Sempre me importei em dar meu melhor, em deixar minha marca, meu legado, seja limpando uma privada ou preparando um relatório na Fundação Bill e Melinda Gates.

Eu quero ser sempre melhor. Não do que os outros, pois, sinceramente, nunca foi minha preocupação saber o que outros estão fazendo, quanto eles estão ganhando ou o que eles estão conquistando. Não vejo outros como competidores. Minha comparação é comigo mesma.

Almejo sempre ser melhor do que aquela menina que chegou sozinha em Londres, com 450 libras no bolso e sem falar uma mera palavra de inglês, munida com uma vontade imensa de crescer, aprender e evoluir.

Eu me orgulho mesmo é da minha capacidade de pelo menos tentar fazer dar certo. E sabe de uma coisa? SEMPRE dá certo! Às vezes não como planejamos ou queremos, mas a vida sempre nos surpreende. Por isso, eu queria te lembrar que, se você quiser, dá certo, sim! E quando parecer impossível, lembre: onde existe uma vontade, existe um caminho. A nossa vontade deve ser sempre maior do que todos os nossos medos, todos os obstáculos e todas as dificuldades que se apresentam na nossa jornada.

Que nada nos impeça de florescer

Que nada nos limite e impeça de experimentar o gosto doce e reconfortante da felicidade. Que nada nos impossibilite de florescer. Que nenhuma imposição nos intimide, que nenhum padrão nos transforme naquilo que não queremos e não devemos ser. Não permitamos que nossos sonhos sejam desestimulados pela amargura daqueles que já perderam a capacidade de sonhar e acreditar. Que a nossa grandeza esteja sempre presente em nosso coração. Que a nossa beleza resplandeça em nossas ações e atitudes.

Desejos do coração

Eu só quero uma vida bonita. Simples, bonita. Eu só quero o que alegra minha alma e aquece meu coração. Eu quero viver sem a necessidade de ter que provar quem ou o que sou. Eu quero viver sem amarras. Eu quero ser livre, leve e feliz. Simples assim.

Eu não quero uma vida onde o dinheiro e o status ditam as regras e o relógio escraviza. Eu não quero ser limitada por todas as imposições dessa experiência da matéria.

Quero ser um espírito evoluído, uma alma radiante e uma pessoa melhor. Quero olhar no espelho e gostar do que vejo, não pela aparência, mas pela energia que emano. Quero corpo saudável que abriga tudo o que sou em essência, mas não quero ser somente lembrada ou definida por ele.

Eu só quero viver de verdade, nos espaços da vida, decorados luxuosamente com a simplicidade do amor. E não quero nunca esquecer que a vida é sempre bonita e suas infinitas possibilidades me oferecem a chance de ser feliz hoje e na eternidade.

Serendipity

Eu acredito em destino. Acredito que todos nós, em determinado momento, escolhemos exatamente os temas que viemos explorar aqui na Terra. Acredito que exista um roteiro, ou melhor, que todos nós tenhamos o esboço de um roteiro para seguir.

Nele, existem muitos espaços em branco, e é justamente nesses espaços que a magia da vida começa a acontecer. Acredito que parte da nossa missão é usar nossa imaginação, nossas aptidões e nossa intensidade para preencher esses espaços em branco da melhor forma que pudermos. Cabe a nós encontrar e criar momentos de *serendipity* pelo caminho. Acredito que temos um papel importante para ser desempenhado no roteiro que o destino escreveu para nós.

Serendipity é um termo que se refere às felizes coincidências ou surpresas agradáveis que experienciamos. Criada no século XVI pelo escritor inglês Horace Walpole, a expressão foi tirada de um conto chamado "The Three Princes of Serendip" [Os três príncipes de Serendip]. De acordo com a história, os três príncipes sempre faziam descobertas surpreendentes, ainda que acidentalmente, por usarem sua perspicácia. Serendip é o nome árabe correspondente à região do Sri Lanka hoje em dia.

Considerada uma das palavras mais bonitas da língua inglesa, ela é também uma das minhas favoritas. Sempre que felizes coincidências acontecem na minha vida, sinto aquilo como um presente do Universo, e não apenas uma obra qualquer do acaso.

Me lembro de um dia, nos meus primeiros meses em Londres, em que estava indo trabalhar com a mente anuviada pelas preocupações. Pensava em como iria conseguir me manter naquela semana. O dinheiro que eu tinha mal era suficiente para os gastos mais básicos, e só receberia meu salário na semana seguinte.

Durante todo o percurso, falei com Deus, com o Universo, pedindo ajuda e direção. Quando cheguei ao meu destino e me levantei para sair do ônibus, percebi que estava sentada em cima de uma nota de vinte libras. Pode não parecer muita coisa, mas naquela época já seria o suficiente para pelo menos fazer uma feira.

Essa foi uma dentre tantas outras *serendipities* que já experimentei ao longo da minha vida. Sinto como se esses momentos fossem um bônus do destino, que, para ser destravado, necessita da nossa fé, perseverança, coragem e que tomemos algumas decisões que nos levarão até a magia dessas sincronicidades. *Serendipity* é sobre abraçar o inesperado e fazer o melhor que pudermos com a aleatoriedade da vida. Acredito que trabalhamos em sintonia com o destino. Que funcionamos como uma bela e afinada orquestra na qual todos os instrumentos, sons e participantes são importantes e necessários para que o resultado seja uma canção emocionante, envolvente e inesquecível.

Coragem

Londres é cenário de muitos filmes e livros, e não é à toa. A beleza da cidade por si só deveria render várias páginas desta obra, acrescidas por todas as experiências que vivi, realizei e com as quais aprendi. Este lugar tem um significado especial para mim.

São milhares de histórias para contar, ilustradas pelo longo passeio de pedestres à beira do Rio Tâmisa ou pelas tardes no Hyde Park. Mas este texto não é sobre Londres: é sobre coragem. E, na minha vida, essas palavras se tornaram sinônimos.

Quando cheguei à terra da rainha, há muitos anos, trazia pouco além da cara, da *coragem* e 450 libras no bolso. Saí do avião sentindo o ar gelado da cidade no meu rosto e alimentando minha imaginação dos muitos momentos que queria viver. Foi quando vi o balcão da imigração na minha frente que a ficha caiu. Aquilo era real. Eu estava mesmo chegando em uma das cidades mais famosas e visitadas do mundo.

O lugar que foi cenário de guerras, revoluções, conquistas e tantos outros acontecimentos que marcaram a história mundial seria agora a minha casa. Foi a maior aventura da minha vida e, dentre tantas outras, a maior loucura e o maior ato de coragem que já cometi.

Quando cheguei, as únicas palavras em inglês que eu sabia eram *hello*, *thank you* e *please*. Como não tinha quase nada de dinheiro, fui morar com uma amiga de infância, que gentilmente conversou com o dono da casa que ela compartilhava com cerca de oito pessoas, para que eu pudesse dividir o quarto com ela. Na época, o aluguel da vaga no quarto era de noventa libras, e normalmente os aluguéis em Londres são pagos por semana, assim como os salários em alguns casos.

Paguei o aluguel e fiz algumas compras de mercadorias, comprei o passe do ônibus e metrô, que na época custava em torno de vinte libras e lá se foi metade do meu dinheiro. Cheguei em uma sexta-feira e, graças a essa amiga que me ajudou, consegui meu primeiro trabalho para começar já na próxima segunda-feira. Eu seria *cleaner*, a famosa responsável pela faxina da madrugada. A maioria dos escritórios faz a limpeza no final do dia ou na madrugada, antes de começar o expediente. O trabalho que eu consegui era de madrugada, mais precisamente às cinco e meia da manhã. Eu tinha uma seção específica para limpar das cinco e meia às sete e meia da manhã.

O escritório ficava próximo à Oxford Street, principal avenida de Londres. Eu acordava às três e cinquenta da manhã para me arrumar e sair correndo de casa, a fim de pegar o ônibus e chegar a tempo no trabalho. Mas o que é realmente relevante é que uma semana depois de começar a trabalhar recebi o primeiro pagamento, o suficiente para cobrir mais um aluguel, mercado e o passe do transporte público.

Alguns dias depois, arranjei mais duas faxinas e um trabalho para recolher a louça suja de um café dentro de um hospital na região de Archway. Um mês após ter chegado em Londres, eu acordava às três e cinquenta da manhã e só voltava pra casa às nove horas da noite. Eram cinco trabalhos diferentes por dia, quatro faxinas e o de juntar e lavar a louça suja do café, varrer e limpar o chão.

Quando chegava em casa, às vezes, morta de fome, cansaço, sono e uma vontade louca de tomar um banho e dormir, tinha que entrar na fila para usar o banheiro, já que éramos quase dez pessoas na casa. Essa rotina durou alguns anos, e tudo o que vivi, sofri, chorei e aprendi nesse tempo contribuiu para transformar profundamente a minha maneira de ver o mundo, a mim mesma e as pessoas.

Estar sozinha em um país tão diferente do meu, sem dominar o idioma, sem ter por perto o colo e o abraço da família, foi extremamente desafiador. Todos os dias, quando acordava de madrugada e me olhava no espelho, era como se a vida me perguntasse se eu tinha coragem suficiente para continuar. Foi nesse momento que descobri quão forte eu era. Fiquei, aguentei, resisti e não desisti. E valeu a pena ver que minha determinação me levou a realizar meus sonhos!

Temos em nós a capacidade de realizar tudo aquilo que nos propomos e, mesmo que existam incontáveis desafios e pedras pelo caminho, temos condições de superar o que quer que seja. Nada além de nós mesmos pode nos impedir de realizar os sonhos do nosso coração.

Sol em Gêmeos, ascendente em Sagitário e lua em Escorpião

Intensidade, sensibilidade, intuição, teimosia, coragem, adaptabilidade, curiosidade e uma eterna busca para entender melhor as pessoas e a mim mesma. Poderia me descrever apenas usando essa sentença.

Mas, como boa geminiana, uma sentença jamais seria suficiente para que eu fale tudo que desejo falar. Sempre foi assim. Apesar de ser introvertida, reservada e de certa forma até tímida, eu sempre tenho algo a dizer. Tenho fortes opiniões sobre tudo. Ao longo dos anos, aprendi a ponderar minha necessidade de falar, de questionar e de só acreditar vendo com meus próprios olhos. A vida me ensinou que saber calar é tão importante quanto falar.

Ouvir o que as pessoas têm a dizer demonstrando interesse e sem sentir a necessidade de rebater, de dar conselhos ou expressar nossa opinião. Quando praticamos a escuta ativa, conseguimos nos colocar no lugar do outro e isso pode mudar completamente a nossa percepção. Ao ver um ponto de vista de diferentes ângulos, talvez a necessidade de responder seja substituída por um silêncio acolhedor que não necessariamente demonstra concordância ou discordância, e sim o quanto é importante saber ouvir.

As muitas pancadas que levei na vida me ensinaram a ser mais flexível e maleável em relação às minhas fortes convicções e a mudar com facilidade. Modéstia a parte, eu admiro a minha capacidade de me adaptar a situações, lugares e cenários com certa facilidade. Mas Deus sabe o que faz, né?

Se não fosse essa habilidade, eu não teria superado metade dos desafios que a vida colocou no meu caminho. Se não fosse a minha coragem, eu não teria experimentado os momentos mais marcantes da minha história. Se não fosse a minha intensidade, eu não viveria de forma tão visceral. E se não fosse tudo isso, eu não teria inspiração e motivação para seguir sendo mais de tudo o que sou, aprendendo com os meus defeitos e me beneficiando das minhas qualidades.

O mecanismo divino da criação é realmente perfeito. Somos como somos por um bom motivo. Tenho certeza de que, se você se olhar com carinho e amor, vai perceber que cada traço da sua personalidade te torna único e especial por ser exatamente como você é, o que, entretanto, não significa que você não possa e não deva mudar.

Empenhe-se na tarefa de se conhecer o suficiente para saber o que funciona e o que precisa ser transformado e lapidado. Quando entramos em conexão com a nossa verdade sagrada, os astros se alinham e as combinações cósmicas nos preparam, influenciam e ajudam a desbravar nossos mistérios e os mistérios da vida.

Então viva!

O tempo tem passado numa velocidade assustadora. Acordamos, cumprimos nossas tarefas e obrigações do dia, dormimos, acordamos e repetimos o ciclo. Quando nos damos conta, lá se foram alguns dias, semanas, meses.

Os anos têm passado por nós, e nós temos passado pela vida, ocupados, cansados, ansiosos e temerosos pelo que vem por aí. Eu me arrisco a dizer que poucos têm vivido. A maioria de nós tem apenas existido, sobrevivido. A cada vez que recebo a notícia de que algum ente querido, amigo ou até mesmo uma celebridade que admiro fizeram a passagem deste plano para o outro lado, é como um lembrete de que eu também vou morrer um dia.

Então, percebo que não vale a pena me desgastar tanto por uma picuinha, uma discussão boba e por problemas que cedo ou tarde terão uma solução. Quando me lembro de que eu não sei quanto tempo ainda tenho aqui, percebo que a segurança que tanto almejo é uma grande ilusão.

Lembrar-me da fragilidade da vida me faz perceber o quanto amo viver, mesmo com todos os incontáveis desafios que se apresentam pelo caminho. Isso me faz respirar fundo, diminuir o passo e me ancorar no presente. Me faz entender que preciso aproveitar meu tempo com as pessoas que amo da melhor forma possível.

Quando me dou conta de que esse dia, esse exato momento que estamos vivendo agora, não se repetirá nunca mais e que, por mais que tentemos, nenhum dia será igual ao outro, percebo a magnitude e importância de cada segundo da nossa existência.

Ao acordar todos os dias lembre-se de que um dia você vai morrer. Então, viva!

Je Ne Regrette Rien

"Não, absolutamente nada
Não, eu não lamento nada
Nem o bem que me fizeram, nem o mal
Isso tudo me é bem indiferente."
        Charles Dumont e Michel Vaucaire

Esse é um trecho de uma música francesa cantada por Édith Piaf que me marcou profundamente, desde a primeira vez que a ouvi. Gostei tanto dela que tenho seu nome, "Je ne regrette rien" (Não me arrependo de nada) tatuado na nuca.

Fazer essa tatuagem foi a minha forma de eternizar esse sentimento no corpo e na alma. Porque, de fato, não devemos nunca nos arrepender de nada. Essa é uma constatação que traz liberdade e alívio. Quando olho para trás e me lembro de todo o caminho que percorri até aqui, percebo que tudo foi como deveria ser, mesmo quando não consegui compreender algumas situações e desfechos.

Todos os desafios que enfrentei me fizeram ser quem eu sou. Tudo o que você viveu te fez ser exatamente como você é hoje. Não faz sentido nos arrependermos, nem do que deu certo, nem do que deu errado. Nem do bem e nem do mal que nos fizeram. Cada atalho que pegamos, todos os caminhos que escolhemos, todas as decisões, por mais equivocadas que pareçam, nos levaram aos lugares que precisávamos visitar e às pessoas que precisávamos conhecer.

Eu prefiro acreditar que até o que deu errado deu certo. Eu prefiro acreditar que não devo me arrepender de nada. Eu prefiro confiar que meus instintos e a intuição que me guia sabem bem o que fazem. Eu prefiro me render à potencialidade de tudo aquilo que não entendo, não conheço e que quase sempre me assusta.

Imagino que sem isso a vida perderia seu real sentido. As descobertas, as surpresas, a evolução que os anos bem vividos nos trazem não seriam possíveis sem as coisas que deram errado, sem as pessoas que foram embora e sem as dores que sentimos. Tudo tem seu devido lugar na nossa história. Todos os acontecimentos, todas as emoções. Por isso, não me arrependo de nada.

Contando as estrelas no céu

Quando era criança, morava no interior do Paraná com meu pai. Nossa casa tinha um quintal grande e espaçoso, com direito a pé de jabuticaba, seriguela e fruta-do-conde, que, coincidência ou não tanto, são minhas frutas favoritas. Algumas das lembranças mais bonitas que tenho da minha infância foram criadas nesse lugar. Foi também nessa época que percebi o quanto me agradava passar horas olhando para o céu, contemplando, durante o dia, sua imensidão azul e, durante a noite, mergulhando na magia da visão da lua e das estrelas.

Até hoje mantenho esses hobbies, mas o que era especial naquela época era a sensação de não pertencimento que o céu me trazia. Quanto mais olhava e contemplava, mais sentia que meu lugar era no desconhecido, no mundo. Minha casa poderia ser nas estrelas.

Quanto mais admirava a lua, mais sentia que ela me convidava a explorar, me arriscar e me entregar para as infinitas possibilidades que o Universo tinha para me oferecer.

Quando saí de casa aos dezenove anos, não sabia o que esperar, o que iria encontrar. Mas havia dentro de mim uma certeza reconfortante de que seria maior e melhor do que um dia imaginei. E assim foi e tem sido.

Em todos estes anos tenho me permitido ser e viver tudo o que sou, tudo o que desejo, tudo o que faz minha alma vibrar, e algo me diz que foram as estrelas que sussurraram essa vontade no meu ouvido, foi o céu que me induziu, foi o abraço quentinho do sol que me encorajou. A vida me convidou, e eu disse sim. Quando a vida te chamar, não hesite: diga sim sem medo!

Se joga, se apresenta para a vida!

Sim. Exatamente desse jeito. Como e onde você estiver. Sem esperar o momento perfeito, ideal. Você não precisa estar totalmente preparado para enfrentar todos os desafios que irão se apresentar para você. Sabe aquelas situações em que não temos a mínima ideia do que fazer ou de como reagir?

Quando nos sentimos perdidos após terminarmos um relacionamento, sem saber para onde ir, quando perdemos um trabalho que nos oferecia segurança e estabilidade e somos obrigados a recomeçar na marra, ao passarmos por uma mudança repentina, um imprevisto do tipo que nos tira o chão, é importante continuarmos avançando. Continue caminhando sem olhar para trás. Se jogue sem receio!

Você nunca terá todas as repostas, você nunca estará totalmente preparado. E não se engane, isso não acontece com ninguém. Não há na terra alguém que seja detentor de todas as respostas ou que esteja sempre preparado para qualquer situação. Lembre-se disso. Arregace as mangas e continue, independentemente da sua insegurança e das suas limitações. Independentemente das críticas que algumas pessoas irão fazer.

Deixe que pensem, que falem, essa é a sua vida, sua aventura, sua jornada. E o que a vida espera de você é apenas coragem, mesmo quando o medo bater, mesmo quando as pernas titubearem e as mãos tremerem. Então, quando a vida te convocar para luta, se joga, se apresenta e vai!

Só preciso ser

Fui embora de mim muitas vezes. Mas, ao perceber que nenhum outro lugar era casa, nenhum outro lugar me parecia seguro, voltei. Voltei para mim, voltei para minha essência.

Decorei minha alma com todas as verdades que descobri sobre tudo o que sou, no tempo em que estive "fora de casa", e hoje, todas as vezes em que sinto vontade de partir, contemplo essas verdades que a vida me presenteou para lembrar que tenho aqui comigo tudo o que preciso. Que todas as respostas que anseio ter habitam meu íntimo e que, para alcançá-las, só preciso ser. Ser completude e solitude. Ser inteira e suficiente até mesmo nos espaços onde nada parece acontecer.

A cada fuga, um reencontro

Quando as tempestades do mundo me assustam, fujo para dentro de mim. Busco e encontro refúgio na poltrona confortável dos meus medos, afinal somos conhecidos de longa data. A cada fuga, um novo reencontro.

Quando o caos se instala aqui fora, sei que devo voltar para dentro e reorganizar a casa. Limpar a poeira, me desfazer da mobília que já não serve, abrir espaço, me desapegar. Quando as fugas para dentro se tornam a minha única opção, sei que preciso aprender uma nova lição, sei que a alma me espera com um chá quentinho nas mãos para podermos colocar em dia os assuntos do coração.

Quando me sinto pronta para enfrentar a tempestade e voltar para o lado de fora, a chuva já parou, o sol já voltou a brilhar e um arco-íris lindo e colorido sempre está à minha espera. A cada nova visita ao lado de dentro, o lado de fora se torna mais bonito e colorido. Quanto mais organizo meu interior, mais beleza encontro no exterior. E é nesse movimento contínuo de me conhecer, me curar, me abraçar, me proteger e me libertar que aprendo a me amar mais e mais.

Jamais desistir um do outro

Os relacionamentos mudam com o passar dos anos. A gente acaba se acostumando com a pessoa e tomando o amor como garantido, relevando o carinho e atenção que recebemos. É importante lembrar que o amor não é só sentimento.

Amor é o compromisso diário de amar física e emocionalmente. A convivência tem seus altos e baixos e nem todos os dias serão fáceis. Nem tudo são flores. Mas o amor real e verdadeiro, relacionamentos que não são como as produções de Hollywood, exige esforço e paciência. Você sabe de que tipo de relacionamento estou falando. Aquele de filme. Já parou para pensar no quanto essa expressão nos faz ter visões distorcidas de como o amor funciona?

Os filmes mostram os relacionamentos de forma muito rasa e imprecisa. Existe uma grande diferença entre viver um romance e amar de verdade. Muitas pessoas querem sempre a aventura, o romance idealizado dos livros, da poesia, as borboletas no estômago dos primeiros encontros, e quando isso se transforma em outros sentimentos e outras sensações tendem a buscar outros relacionamentos para viverem algo novo, estimulante.

Mas nutrir a parceria e amizade nos relacionamentos longos também pode ser excitante, de uma forma mais madura, mais segura e mais tranquila. As borboletas no estômago podem continuar, mas é preciso esforço e vontade para fazer dar certo. É preciso compreender que não é porque o relacionamento mudou que o amor irá diminuir. As conexões reais, que acontecem entre corpos, almas e espíritos evoluem, melhoram e seguem sendo experiências que transcendem o físico, o tangível e o material.

Os anos passam, as pessoas mudam, tudo se transforma, e o que determina a continuidade da felicidade de um casal é o compromisso de jamais desistir um do outro.

Amor fati

Quem somos, de onde viemos, por onde andamos, para onde vamos, onde estamos, neste exato momento, é digno de amor. Amar o nosso destino e aceitar a vida que nos foi permitida viver, mesmo com todos os desafios, todas as tristezas, todo o caos, serão sempre a única e verdadeira forma de encontrar a paz. Só a paz promove felicidade, leveza e plenitude. Não dá para ser feliz se não estivermos em paz.

Por isso, a decisão mais importante que tomei em minha jornada foi a de amar o meu destino, aceitar, respeitar e honrar a minha história. Esse é o meu compromisso, essa é a minha filosofia. "Não querer nada diferente do que é, nem no futuro, nem no passado, nem por toda a eternidade." (Friedrich Nietzsche)

"'Amor fati' (Amor ao destino), essa é a fórmula para a grandeza do homem."
Friedrich Nietzsche

Não querer nada diferente do que é. Me custou muito, muito mesmo para chegar a esse ponto. Porque quase tudo em minha vida sempre foi muito diferente daquilo que eu queria ou imaginava que deveria ser. Durante muitos anos eu lamentei ter nascido, eu lamentei a vida que levava, eu lamentei ser quem eu era. Até chegar ao nível mais profundo e escuro da depressão.

Dói muito viver uma vida que não te agrada, dói muito olhar para trás e se deparar apenas com sofrimentos, mágoas, dores. Dói muito se olhar no espelho e não gostar do que vê. É angustiante, torturante viver assim. O processo de aprender a amar tudo o que temos, vivemos e somos depende apenas de uma decisão. Para mudar aquilo que não nos agrada, é preciso disposição, comprometimento e muita disciplina. Todos nós temos o dever de fazer o que for preciso para que finalmente possamos amar e honrar todos os capítulos dessa história. Porque essa é a nossa trajetória, e merecemos que ela seja linda. Temos o direito de viver uma bonita história. Devemos isso a nós mesmos.

E veja bem: uma história bonita não é sinônimo de uma vida perfeita. Uma história bonita é aquela em que não permitimos que a amargura, o ódio e as decepções vençam nossa capacidade de perdoar, transmutar e amar. Uma história bonita é uma história que temos orgulho de contar.

Finalmente livres

Às vezes relacionamentos que não terminaram do jeito que esperávamos ou desavenças que tivemos com algum amigo ou familiar geram mágoas que podem nos assombrar por anos e anos. Vai-se o relacionamento, ficam os questionamentos, a dor e os traumas, pouco a pouco transformando-se em feridas que doem, coçam e insistem sempre em nos lembrar de sua existência.

Mas também chega o tempo em que, sem que a gente perceba, feridas que outrora arderam e queimaram na nossa alma começam a cicatrizar. As marcas vão ficando menos evidentes e, quando menos esperamos, num dia qualquer, num momento trivial, o fechamento desse ciclo tão doloroso chega.

Experimentamos um mix de emoções e sensações, choramos, rimos, o coração dói um pouquinho e ao mesmo tempo bate acelerado, como se fossem fogos de artifício da alma. Revisitamos algumas lembranças, revivemos alguns diálogos, abraçamos as memórias boas e finalmente nos despedimos de tudo o que já passou.

Então, pela primeira vez em muito tempo, respiramos aliviados. Estamos finalmente livres!

A única coisa que pode dar errado

Existem decisões que só você pode tomar. Só você conhece os seus limites. Só você tem o poder de mudar o que quer que seja que te machuca, incomoda e te faz mal. E quando, mesmo com medo, mesmo sem saber qual será o próximo passo, você decide dar um basta em situações ou relacionamentos que te fazem mais mal do que bem, quando você escolhe você, por amar, por respeitar e honrar a sua história, quando, por mais difícil e dolorosa que seja a decisão, você escolhe a sua paz, você honra a sua essência sagrada e divina. Mesmo sem saber se fez a escolha certa ou não.

Escolha sempre a sua dignidade, o seu amor-próprio. A única certeza diante das incertezas é que não agir, não escolher, não decidir, não encarar o desconhecido de peito aberto e mangas arregaçadas é a única coisa que pode dar errado.

Buscadora de sensações

Ao longo dos anos, depois de estudar muito e de buscar incessantemente pelas perguntas que sempre me afligiram, cheguei à conclusão de que nosso único propósito por aqui é viver.

Experienciar a vida exatamente como ela é.

E é impossível estar vivo e não sentir. Os cinco sentidos que nos foram dados tornam a nossa existência real, humana. Os sabores, os cheiros, as borboletas no estômago, aquele quentinho no coração que nos preenche ao ponto de parecer que vamos explodir de tanto amor. A dor, a alegria, a empolgação, o desânimo. A paixão, a raiva, a tristeza, o êxtase. A vida seria extremamente sem graça e sem cor sem as emoções e sensações que antecedem ou sucedem alguns acontecimentos e momentos marcantes da nossa história.

Eu amo sentir, mesmo quando esse sentir causa desconforto, mesmo quando dói, desafia, desconcerta e me vira do avesso. Eu amo a sensação de chegar num lugar desconhecido e sentir cheiros que nunca senti antes. Eu amo provar sabores exóticos, diferentes. Eu amo o conforto do toque. A paz que os abraços trazem. Os arrepios que os beijos provocam. A completude que andar de mãos dadas com alguém que amamos nos traz.

Eu amo como um cheiro de perfume, o aroma do café passado na hora, o sabor de uma comida especial ou a melodia de uma música podem nos fazer viajar, sonhar ou voltar a instantes que foram marcantes na nossa história.

Eu amo assistir ao nascer e ao pôr do sol, admirando as cores que são pintadas no céu. A sensação de olhar fixamente nos olhos de quem amamos, memorizando e eternizando no coração cada detalhe e característica que carregam.

Eu amo sentir o sangue pulsando nas veias, o vento balançando meu cabelo, as batidas do coração aceleradas. Eu busco sensações, emoções e tudo aquilo que me faz sentir viva. Porque esse é o sentido. É esse o propósito.

A metamorfose é irreversível

Antes de experimentar voos que têm sabor de liberdade, antes da metamorfose que nos faz desenvolver asas bonitas e coloridas, pode haver dor, desconforto e longos períodos de espera.

Alguns processos levam tempo e é preciso ter paciência, pois sem casulo não tem borboleta. Sem casulo não tem evolução. E mesmo que leve tempo, a transformação acontece. Se nos permitirmos rastejar, passar pelo casulo, viver nossos processos, aceitando a lentidão de alguns ciclos, se trabalharmos em nós, se investirmos em nossa cura, se nos amarmos o suficiente para buscar a cada dia sermos nossa melhor versão, a metamorfose é certa e irreversível. Quando aprendermos a voar, jamais voltaremos a rastejar.

É o processo que importa

Construa uma vida que seja mais sobre qualidade do que quantidade. Priorize o que você realmente sente. A vida não é só sobre alcançar objetivos. É o processo que importa. É sobre perceber, ao longo do caminho, quem nos tornamos e buscarmos nos conhecer durante os altos e baixos, nos momentos de questionamentos, na preocupação.

É sobre o que aprendemos quando a vida pede paciência. É sobre a evolução que conquistamos quando nos curamos e libertamos de tudo que nos machuca e aprisiona. A vida é muito mais do que estar sempre ocupado, produzindo e se alimentando da sensação de que só seremos importantes pelo ter.

A vida é sobre se encontrar, se reconhecer, ser, se tornar e eventualmente, como consequência, manifestar no plano material tudo aquilo que na alma já vibra abundantemente.

Para ir longe, é preciso estar leve

Para viver com leveza é preciso se livrar de tudo aquilo que pesa. Mantenha em sua bagagem apenas os aprendizados, o conhecimento, a sabedoria, o amor e o perdão. O rancor, a raiva e a ingratidão, além de pesos, são também algemas.

É nossa obrigação não aceitar o que não é leve. Pessoas, situações, crenças ou relacionamentos. Não podemos nunca comprometer nossa leveza carregando pesos que não nos pertencem, porque a nossa força não é conquistada levantando pesos. Nossa força vem à tona quando levantamos a nós mesmos todas as vezes que a vida nos derruba.

Alçar voos altos

Muitas vezes é preciso desconstruir, desfazer, terminar, ir embora, nos despedir de coisas ou pessoas que amamos para poder avançar e dar o próximo passo em direção à nossa felicidade, cura e liberdade.

Às vezes você tem que atear fogo em si mesmo e virar cinzas para se transformar na Fênix que pode alçar voos mais altos. Porque às vezes sofremos, choramos, caímos, mas, quando levantamos, viramos pássaros de fogo, destemidos e capazes de enfrentar qualquer desafio e ultrapassar qualquer obstáculo. A lenda diz que a Fênix, quando volta, torna-se ainda mais bonita do que um dia já foi. Assim somos nós quando provamos a nós mesmos o quanto somos fortes e capazes de superar, conquistar e realizar. Porque a dor ensina, o sofrimento dignifica, as brasas da alma nos fazem imortais quando permitimos que a nossa força venha à tona.

Vulnerabilidade

Escolher ser e viver de forma positiva, buscando e exaltando mais as coisas boas do que as ruins, não nos impede de experimentar o gosto amargo da negatividade ou do pessimismo. Cada dia é um dia.

Há dias em que conseguimos ver a luz no fim do túnel, e dias em que a nossa própria escuridão nos assombra. Dias em que acreditamos com todas as nossas forças que vai ficar tudo bem, e dias em que não conseguimos nem acreditar em nós mesmos. Há aqueles dias em que a esperança e a fé se ausentam, e são esses momentos que testam a nossa coragem, disposição e força.

Sabemos na teoria que o pensamento positivo atrai mais positividade, assim como o negativo atrai mais negatividade. Mas é na prática que vemos como é difícil manter-se de pé durante tempestades avassaladoras.

E talvez tenhamos que passar por esses momentos para aprender e entender que, mesmo passando pela tempestade de joelhos, o que importa de verdade é não desistir e seguir tentando, buscando, se arriscando, crescendo, aprendendo, evoluindo e vivendo! Porque depois da tempestade sempre vem a bonança. E assim é a vida.

Para usufruir dos dias ensolarados, felizes e iluminados, a gente só precisa sobreviver aos dias ruins, de pé ou de joelhos. Com muita fé ou com muito medo, com muita força ou totalmente fragilizados. A gente só precisa respeitar nossas limitações, nossas fraquezas, nossas imperfeições e entender que nem sempre teremos capacidade física e emocional de nos comportar e reagir da forma que deveríamos. Podemos somente o que podemos, entende? Somos humanos, e é a beleza da imperfeição que carregamos que nos torna únicos e especiais. Permita-se viver sua fragilidade com a mesma intensidade com a qual você vive sua força.

Impermanência

Às vezes sentimos total confiança em nossos passos e seguimos de cabeça erguida, com firmeza. Em outros momentos nos desequilibramos, a falta de confiança fazendo nossas pernas tremerem e termos medo de cair. E pode ser que de fato venhamos a cair. Mas, como diria minha vó, do chão não passa.

As emoções vão oscilar. Teremos muitos dias ruins, sentiremos medo, o desânimo vai bater, e tudo bem. Está tudo bem não estar bem o tempo todo. Somos humanos, e aceitar nossas imperfeições é o primeiro passo para o crescimento e evolução que tanto desejamos. É inútil resistir às mudanças. A impermanência é nossa única certeza.

Tudo passa, tudo muda, tudo se transforma e, cedo ou tarde, tudo acaba. Então por que a pressa? Por que tanto medo? Por que tanto apego? Por que essa ânsia pelo controle?

Vibre na leveza que a certeza da impermanência nos propõe. Flua com a vida, aproveite a jornada, divirta-se, apaixone-se pelo que chega, agradeça o que fica, aprenda e despeça-se do que precisa ir. Depois que as cortinas da vida se fecham, as luzes se apagam e os aplausos são substituídos pelo silêncio da eternidade, a alma despe-se da caracterização de seus personagens, e o que fica ali é o que somos em essência. É isso que importa, é com isso que devemos nos preocupar.

Eu sei que foi Deus

Eu sei que é você que me embala em seus braços quando meus dias são tristes e tudo parece perder o sentido. Eu sei que, mesmo quando todos vão embora, você ainda segura minha mão. Eu sei que é sempre você que sussurra no meu ouvido que vai ficar tudo bem.

Eu sei que é você que me carrega quando as pernas fraquejam. Eu sei que é você que me ajuda a levantar depois de cada queda. Eu sei que você me abraça forte quando minha fé parece desaparecer. Eu sei que é você que me sustenta quando o meu mundo desmorona. Eu sei que a minha força é você.

Eu sei que é o seu sopro de amor que me enche de vida. Eu sei que sou falha, mas sua misericórdia é infinita. Eu sei que você me assiste viver, me dando a liberdade de escolher o caminho que eu quiser e de fazer tudo o que meu livre-arbítrio permitir. Sei que você não me julga e não me condena. Eu sei que quando eu chamo você me escuta, quando eu clamo você se apresenta.

Quando eu duvido, você me prova o contrário. Ah Deus, enquanto muitos dizem que foi sorte, que é sorte, eu sorrio, olho para o céu e agradeço, porque eu sei que foi você!

Respira, confia no processo e vai!

Não espere para ser feliz. Faça agora o que te fará feliz hoje. Viva com intensidade, não com urgência. Saboreie os instantes, aprecie os momentos. Trilhe seu caminho de cabeça erguida e passos firmes. Não tenha pressa, tenha fé. Confie na sabedoria do tempo, não duvide do destino e não se deixe ser refém de nenhuma teoria ou suposição.

Quem dá as cartas é você. São as suas escolhas e vibrações que serão responsáveis por decidir o que irá acontecer. Sim, a energia que você emana funciona como um ímã. Não resista ao fluxo, não questione Deus. Deixa a vida acontecer e apenas permita-se ser.

E se for para melhor, mude. Cresça, evolua, seja melhor! Avance, no seu passo, no seu ritmo, no seu tempo, do seu jeito ou do jeito que der, que puder, do jeito que você quiser.

Ensine e receba amor. Faça o bem, queira o bem e bem "se" queira. Aprecie as pausas, aceite os ciclos que se encerram, reconheça e valorize suas conquistas. Entre em sintonia com você, equilibre-se, floresça. Solta o que prende e machuca, respira, confia no processo e vai!

É sobre o quanto você aguenta apanhar

Não é sobre o quanto você bate, é sobre o quanto você aguenta apanhar.

Eu nunca soube bater e durante muito tempo considerei isso uma fraqueza. Eu não sabia ser firme, não conseguia me posicionar da forma que gostaria. Eu sempre pensei que só saber apanhar nunca seria o suficiente. Ficava sempre aquele gosto amargo na boca, porque, às vezes, quem nos bate é quem menos esperávamos que viria a nos machucar.

A vida bate, sem dó nem piedade, por mais que nos perguntemos até quando teremos que apanhar. Mas a magia acontece quando você percebe que apanhar é segurar firme, apanhar é chorar de joelhos diante da vida, mas nunca perder a fé. Apanhar é se despir da roupa linda do Ego e celebrar a nudez da nossa essência, da nossa verdade.

Apanhar é ter humildade! Apanhar é ter coragem. Apanhar é ser forte. Apanhar é o mesmo que dizer: "Deus, eu me rendo diante de teus desígnios, me ensina, segura a minha mão e me leva para onde eu devo ir". Apanhar é entender que a linha da vida é sinuosa, mas a nossa vontade de ser feliz, a nossa capacidade de acreditar e de tentar, de novo e de novo, é infinita.

Porque somos feitos de amor. E com amor, por amor, somos capazes de tudo. Absolutamente tudo!

Seja, com luz, amor e verdade

Afaste-se de tudo que diminua a sua luz. Não se importe tanto com a opinião alheia. Não importa o que você faça, sempre terá alguém para criticar, questionar e julgar os seus motivos, as suas vontades.

Opte pela calma, cuide da sua alma. Emane boas vibrações e não se deixe abater por opiniões equivocadas a seu respeito. O que os outros pensam não muda quem você é. Então siga sendo isso tudo que assusta alguns e encanta outros. Não negue sua intensidade e jamais se diminua para caber no mundo de ninguém. Seja, com luz, amor e verdade.

Quando menos se espera

As coisas mudam. A vida surpreende. Perdemos amores, amigos. Perdemos partes de nós que jamais imaginamos que fosse possível perder. Abandonamos nosso amor-próprio, a nossa autoestima, a nossa capacidade de acreditar que somos suficientes e merecedores. Esses processos podem ser muito dolorosos, extremamente desafiadores, mas são eles que verdadeiramente nos ensinam.

Eu acredito sim que podemos aprender e crescer também pelo amor. Mas sinto que as mais poderosas lições da nossa vida acontecem justamente nos momentos de mudanças bruscas, em que há perdas e muita dor. São eles que nos ensinam, nos ajudam a crescer e evoluir.

Então, quando menos se espera, voltamos a ser inteiros, novos amigos aparecem, outros amores chegam. Olhamos no espelho e vemos uma versão mais sábia e forte de nós mesmos. Não importa o que aconteça, acredite que os dias bons estarão sempre à nossa espera. E a nós cabe apenas entregar, confiar e agradecer. Porque o que está por vir será sempre melhor do que o que ficou para trás.

Feito de amor

Você sobreviveu aos piores dias. Você sobreviveu à ausência de pessoas que já considerou serem essenciais para sua vida. Você sobreviveu a dores e decepções. E sabe de uma coisa? Você continuará sobrevivendo. Porque, apesar de não ser feito de ferro, você é feito de amor.

A sua capacidade de continuar amando, acreditando, tentando e doando seu melhor para o mundo é o que te sustenta e te fortalece. Os dias ruins jamais te definirão, porque essa mania linda de enfrentar suas batalhas com dignidade, essa coragem de acordar todos os dias e continuar lutando e insistindo, mesmo quando todas as portas permanecem fechadas, é o que verdadeiramente determina o tipo de pessoa que você é.

Continue, apenas continue.

Esteja em paz com a sua existência

Há, hoje em dia, uma pressão, quase uma imposição para estarmos sempre produzindo. Faça muitas coisas ao mesmo tempo. Esteja sempre ocupado. Não demonstre cansaço e se gabe do quanto você consegue fazer. O mundo precisa saber o quanto você produz.

A produtividade tóxica está nos adoecendo, física e mentalmente. Vivemos na cultura do imediatismo. Nosso maior pânico é ficarmos sem bateria ou internet no celular porque Deus nos defenda do terror de passarmos algumas horas desconectados. Ai de você se não responder imediatamente as mensagens que visualiza no WhatsApp.

Temos vivido com a sensação de que tudo deve ser para já, como se o depois não existisse. E assim entramos num ritmo frenético de querer fazer, produzir, conquistar, postar, seguir as *trends*. Se deixarmos para depois de amanhã, o momento já terá passado e nunca mais voltará.

Obviamente que, ao viver dessa forma, jamais teremos tempo suficiente para dar conta de tudo. Ainda bem que a verdade é que *não* precisamos dar conta de tudo. Precisamos aprender a descansar e a estabelecer limites saudáveis, sejam eles físicos ou emocionais. Precisamos priorizar a nossa saúde mental. Muitos remédios modernos prometem combater nossa exaustão, mas o remédio mais eficaz é antigo e evidente. Esteja em paz com sua própria existência e, quando estiver cansado, descanse. A maneira mais linda de honrar nossa vida nem sempre está relacionada com o ter ou fazer. Por vezes, tudo o que precisamos é ser, com verdade e com amor.

O seu melhor é o suficiente

Muito se fala sobre força, coragem, positividade e fé. Mas tenho aprendido que os momentos mais intensos e poderosos que vivemos acontecem justamente quando nos sentimos distantes da coragem, da fé e da positividade.

Não quero de forma alguma romantizar a dor e o sofrimento, mas é importante e até saudável nos lembrarmos e aceitarmos o fato de que somos vulneráveis, sim. O movimento de aceitarmos nossa imperfeição e fazermos coisas bonitas com ela é lindo. Estamos constantemente tentando nos equilibrar na corda bamba das emoções e obviamente, por isso, alguns dias são bons e outros nem tanto. Lembre-se disso. Você é incrível e está fazendo o melhor que pode. Saiba que, mesmo que não pareça, o seu melhor é o suficiente.

Não se sinta mal por ser de verdade

Às vezes a sua semana não está sendo tão boa ou pode ser que seu dia esteja ruim. Talvez você esteja passando por momentos difíceis que são intensificados ao entrar nas redes sociais, nas quais sempre nos deparamos com feeds em que todos são lindos e têm vidas perfeitas, cheias de conquistas, viagens, e momentos que parecem ter saído de um filme de Hollywood.

Essa felicidade alheia te incomoda e você fica mal mesmo sem querer. Diante de tanta perfeição e felicidade, você acaba por sentir-se fracassado. O que não percebemos é que essa é a grande sacada das redes sociais, o poder que temos de criar a realidade que quisermos. O que vemos no virtual são apenas fatias do bolo. A maioria compartilha só o que é bom, feliz, bonito e agradável, porque guardamos os melhores cliques, as melhores poses, os maiores sorrisos e as roupas mais bonitas para o post perfeito.

Raramente demonstramos nossa fraqueza, nossa escuridão, nossa confusão ou os momentos "feios" porque, em algum momento, parte de nós acreditou que, para sermos aceitos, populares ou bem-sucedidos, temos que chegar o mais perto possível da perfeição. Temos que fazer parte dos aplicativos que estão bombando. Temos que repetir frases, comportamentos, coreografias, temos que fazer o que todo mundo está fazendo.

Se não o fizermos, deixamos de pertencer. Deixamos de ser relevantes. Deixamos de receber atenção. Essa necessidade de pertencer, de ser aceito, de ser popular, de receber elogios tem nos deixado doentes. Pode até ser divertido acompanhar a vida perfeita de alguém, mas é muito perigoso. Principalmente quando as conquistas alheias enfatizam nossas derrotas.

Ninguém tem a vida que é refletida em um perfil editado, modificado e trabalhado para ser perfeito e feliz. A comparação quase sempre resulta em frustração. A internet e as redes sociais são ferramentas incríveis, poderosas e necessárias, sim, mas se quiser manter a sua sanidade mental é preciso aprender a não se comparar, não se diminuir. É preciso entender que o que acontece no virtual nem sempre reflete a realidade.

Então não se sinta mal por ser de verdade, por viver uma vida real sem filtros, sem edições, sem glamour. Seja você, faça, sim, o que te apetecer, mas não faça pelos motivos errados.

Redirecionamentos

Talvez o maior desafio da vida seja aceitar os desfechos de situações que planejamos e desejamos tão intensamente que ocorressem de outra forma. Conhecemos alguém e pensamos "É isso. Esse é meu para sempre". E, quando percebemos que talvez não seja, nos frustramos, questionamos e às vezes até alimentamos crenças de não merecimento. Às vezes nos empenhamos em projetos e ideias que não fluem. Parece que nada jamais dará certo.

Mas o Universo tem uma maneira misteriosa de trabalhar. Nunca perdemos algo se não houver coisas melhores à nossa espera. Eu não acredito em fracasso, não acredito em derrota. Acredito que existam redirecionamentos. Existem situações que estão destinadas a ser, enquanto outras, apesar de todo nosso empenho, esforço e boa vontade, simplesmente não acontecem.

Ao compreender isso, fazemos as pazes com a nossa jornada e percebemos que às vezes confundimos persistência com insistência. E quando a insistência se transforma em resistência, não há fluxo. Sem fluxo há apenas confusão, estagnação. Para a felicidade fluir, é preciso permitir que a vida aconteça da forma que ela deve ser.

Progresso nem sempre significa movimento

Mesmo que as coisas não tenham acontecido da forma que você planejou ou desejou, mesmo que alguns planos e prioridades tenham mudado – isso não significa que você não esteja progredindo.

O progresso acontece quando crescemos, quando aprendemos e, de uma forma ou de outra, nos tornamos melhores. Progresso nem sempre significa movimento. As pausas, os momentos de descanso, os instantes em que paramos para rever e reajustar a rota muitas vezes são mais importantes do que a própria chegada ao destino desejado.

Porque o verdadeiro progresso acontece durante a caminhada. Progredimos quando aprendemos a reconhecer e valorizar o que já temos antes de sairmos desesperados em busca de mais.

O instante é o presente

Encontre tempo para as coisas que te lembram do quanto é bom estar vivo. Dar boas risadas com os amigos. Dançar até os joelhos doerem. Saborear a sua comida favorita, sentir a brisa suave da manhã acariciando o seu rosto. Abraçar quem você ama. Brincar com o seu pet. Regar as suas plantas.

    Encontre tempo para contemplar e apreciar o momento presente. Mude se for necessário. Encerre ciclos que precisam ser encerrados sem medo. Aquele final tão temido pode ser o seu recomeço mais bonito. Ouse sonhar. Viva com a audácia de quem sabe que nem mesmo o céu é o limite. Agora é a hora. O instante é o presente.

Cuide do seu templo

Você é a sua casa. Seja gentil e zeloso com o seu lar. Acolha e honre cada processo da tua caminhada. Respeite o seu sentir. Respeite os seus limites. Respeite-se. Cuide do seu templo, cuide do seu coração. Cuide-se. Ame as tuas imperfeições. Ame as tuas cicatrizes. Ame-se!

Ser quem somos com convicção

A humildade é revigorante. A paciência segue sendo a maior das virtudes. Saber quem somos e continuar a sê-lo com convicção e respeito é a resposta silenciosa que damos para quem mal nos conhece e ainda assim nos reprova, julga e condena. Quanto mais amor carregamos dentro do peito, mais insignificantes se tornam as ofensas.

Escolher não reagir

Quando perceber que está reagindo a situações que não merecem a sua energia, lembre-se de que a sua paz é mais importante. Priorize a sua saúde mental, a sua paz de espírito. Cultive bons pensamentos e esteja consciente de que você tem o poder de escolher não reagir, não responder e não absorver o que chega com maldade e com intenção de machucar.

Amando o processo

Passe a sua vida amando. Amando viver. Amando se conhecer. Amando o processo de melhorar a si mesmo.

Passe a sua vida se amando, não procurando por um amor. Quando cuidamos do nosso jardim, não é necessário correr atrás das borboletas.

Respirar e confiar

Equilibre-se. Trabalhe duro, mas não deixe o trabalho tomar conta da sua vida. Ame com todas as suas forças, mas prometa a si mesmo jamais se contentar com amores medíocres. Busque-se. Saiba quem você é. Defenda o seu valor. Não se compare. Você é um ser único, especial e merecedor de tudo o que há de melhor nesta vida. Confie na energia divina do Universo, não brigue com as circunstâncias. Não resista ao fluxo natural das coisas. Deixe ir tudo que machuca, confunde e te traz ansiedade. Acolha as mudanças e os ciclos que se apresentam. Alguns irão machucar, mas todos irão te ensinar. Acolha a vida exatamente da maneira em que ela acontecer. Existe um motivo para cada acontecimento e às vezes tudo o que nos resta é respirar e confiar.

no caminho
nos tornamos

A mulher que me tornei

A mulher que me tornei não tem mais medo de nada. Literalmente nada. Audacioso afirmar isso, não é mesmo? Mas, depois de certa idade, com o passar do tempo e algumas experiências, a gente consegue enxergar a vida e a nós mesmos com mais clareza.

Então, percebemos que somos indiscutivelmente fortes o suficiente para enfrentar e superar o que quer que seja. No auge dos meus trinta e poucos anos, enfim entendi o que Tim Hansel quis dizer quando tão sabiamente afirmou: "A dor é inevitável, mas o sofrimento é opcional". Quando entendemos que o sofrimento é de fato opcional, não temos mais medo de sofrer. Uma pessoa que perde o medo do sofrimento torna-se imparável. Mas essa constatação não vem em um belo dia de sol, com o vento soprando em nossos cabelos enquanto nos movimentamos em câmera lenta. Ela é fruto de algumas boas pancadas da vida. Ao menos no meu caso foi assim.

Apanhei das minhas próprias limitações, dos meus medos, das minhas crenças e condicionamentos. Algumas dessas surras deixaram cicatrizes na alma, e foi no processo de aprender a curá-las que compreendi o meu poder de escolher não sofrer. Aprendi a sentir, acolher e receber todas as dores com consciência e respeito por tudo que elas vieram me ensinar.

Hoje, consigo olhar para uma situação extremamente dolorosa e não sofrer, apenas sentir e seguir avançando, mesmo com alguns nós na garganta e alguns socos invisíveis no estômago. Acho que a grande lição que fica é que, independente do que aconteça, a gente só precisa continuar avançando, continuar caminhando, continuar escolhendo não sofrer, continuar escolhendo o caminho da cura e da aceitação inteligente. A gente só precisa continuar se escolhendo todos os dias.

Jamais permita que o que te aconteceu seja maior do que a sua capacidade de continuar. Siga se escolhendo, respeitando e se amando muito. Você deve isso a si mesmo e à pessoa que deseja tanto se tornar.

Para você, os melhores sonhos

Desejo a você os melhores sonhos. Desejo a você os dias mais bonitos. E quando as coisas ficarem difíceis, te desejo paciência, uma pitada de esperança e doses abundantes de fé. Desejo a você as memórias mais mágicas que a vida puder te dar. Desejo que seus olhos possam apreciar e contemplar as nuances suaves do amor, presentes nos momentos mais simples e espontâneos da vida. Desejo a você sorrisos para os dias em que a tristeza se atrever a chegar. Desejo um arco-íris para os seus dias nublados, paz para o seu coração e uma felicidade que seja capaz de preencher, realizar e curar as feridas que insistirem em te machucar.

Recomeços

A beleza de recomeçar está na reinvenção, na desconstrução e na metamorfose. Na liberdade de deixar ir tudo que pesa, sufoca e bloqueia. A magia do recomeço está no fato de podermos escolher quem queremos ser a partir de agora.

A cada recomeço, aprendemos a receber os finais como bênçãos, e não como perdas. A beleza dos recomeços nos ensina que o melhor ainda está por vir, e que logo ali, além da nossa zona de conforto, há coisas e pessoas maravilhosas à nossa espera.

A magia dos recomeços nos ensina a não nos contentarmos e não nos acostumarmos com o que não nos faz feliz. Os recomeços devem ser celebrados e não temidos, porque a cada nova chance que a vida nos dá temos a oportunidade de escrever uma nova história, cujas regras são definidas por nós.

A cada nova chance que a vida nos dá temos a oportunidade de escrever um capítulo novo, com as cores, sabores e personagens que decidirmos. Então, certifique-se de que a história que você escrever para si mesmo possa sempre te inspirar. Certifique-se de que a sua história te excite, te motive e te faça sentir orgulho de toda essa coragem que te faz mais forte a cada recomeço.

Seja a pessoa mais bonita que puder

A beleza física um dia acaba. Nem mesmo toda a fortuna do mundo é capaz de comprar a nobreza do espírito. Porque bonito é quem tem a alma simples. Grande é aquele que alimenta o amor mais do que o seu próprio ego. A humildade é terreno fértil para a felicidade verdadeira.

Então, impressione pela coragem de ser verdade nesse mundo de felicidade editada e belezas vazias. Viva em busca de conquistas que te enriqueçem espiritualmente. Seja a pessoa mais linda que puder, porque as pessoas realmente bonitas são aquelas capazes de refletir em seu exterior toda a beleza que transborda do seu interior. Seja alguém que ilumine o mundo do outro através da luz e energia que você emana. O resto é pura vaidade e capricho do ego.

Em essência sou vendaval

As pessoas dizem que sou calmaria, mas em essência sou vendaval. Os meus olhos têm cor de tempestade. A minha coragem é o meu superpoder. Minha linguagem é a honestidade. Os lábios sorriem, mas os pensamentos são como trovoadas ensurdecedoras que assustam e intimidam.

Minha mente está quase sempre em estado de ebulição. Sou intensa por natureza. Gosto de mergulhos profundos e não ofereço mais meu tempo para quem prefere o raso e se sente confortável na superfície. Sou magia e mistério. Sou luz branda que acalma e ao mesmo tempo sou chama que queima, arde, incendeia. Renasço das cinzas sempre que a vida pede transformação. Aprendi a ser inteira em minha incompletude. Aprendi a não me desculpar por abraçar todas as minhas fases e ciclos. Hoje sou, amanhã tudo pode mudar.

E é exatamente assim que me permito ser, uma constante metamorfose.

Nós somos tudo o que temos

Às vezes tentamos fugir de onde estamos, pensando que a felicidade será encontrada em outros lugares. Às vezes achamos que somente outros ambientes e outras pessoas poderão nos fazer felizes.

Mas a verdade é que carregamos nossas sombras e nossa luz por onde quer que formos. Não temos como fugir de nós mesmos. Por isso é tão importante olharmos para dentro. Somente assim podemos curar as feridas e cicatrizes da alma, nos permitindo florescer de dentro para fora.

Não adianta fugir dos fantasmas que nos assombram, eles irão nos acompanhar até o dia em que tivermos a coragem de enfrentá-los para que possam finalmente nos deixar em paz. Nós somos tudo o que temos. Mesmo cercado de amigos, família e pessoas que nos querem bem, ninguém pode nos salvar, nos curar. Esse trabalho é nosso, esse é o compromisso que firmamos com o Universo quando aceitamos viver essa experiência. Quando o medo bater e você sentir vontade de fugir, lembre-se de que tudo acontece aí dentro de você. Então cuide-se, ame-se; plante, regue, cuide do seu jardim e, cedo ou tarde, as borboletas virão.

É dançar de olhos fechados sempre que a vida oferecer sua melodia

Na vida, estamos sempre em busca de respostas. De onde viemos, qual o nosso verdadeiro lugar em meio a essa multidão de pessoas que habita o mundo e para onde eventualmente iremos quando nosso corpo físico morrer.

Acredito que tudo passa a fazer mais sentido quando entendemos que o propósito é justamente se desapegar da necessidade de encontrar essas respostas e apenas permitir que as coisas sejam, que a vida aconteça, que a gente simplesmente viva. Que a gente se conheça e se reconheça. Acredito que o propósito da vida é viver intensamente nossa verdade, é aprender a ser boa companhia pra nós antes de sermos para os outros, é dançar de olhos fechados sempre que a vida oferecer sua melodia e não se preocupar com quem está olhando, com o que vão pensar.

Acredito que as respostas às perguntas mais difíceis que fazemos para a vida se desabrocham sutilmente, suavemente dentro do nosso coração, sem fazer barulho. Assim como as flores, a verdade que buscamos floresce, se expande, cresce em nós e ao nosso redor quando entramos em contato com a nossa própria verdade. Quanto mais nos despimos de tudo o que não somos, maior será o espaço para que tudo o que podemos nos tornar chegue, se instale e estabeleça a fundação que nos dará a direção para finalmente compreendermos tudo o que viemos fazer aqui.

Há muita vida no ato de amar

Vivemos amores inesquecíveis e encontramos pessoas que deixam marcas profundas em nosso coração e na nossa história. Há vezes em que esses encontros podem resultar num "felizes para sempre". Outras vezes podem ser só um capítulo intenso no livro da nossa vida. E a verdade é que, independentemente de quanto tempo esses encontros durarão, o que realmente importa é como eles nos fazem sentir.

Há muita vida no ato de amar, mesmo que seja por alguns dias, meses, anos ou pela eternidade. A beleza do amor reside justamente no fato de ele ser, ao mesmo tempo, tão complexo e tão simples, trazer tanta calmaria e tantas tempestades, de queimar, arder e rasgar o peito, mas ainda assim ser também conforto, alento e paz.

Amar será sempre a melhor parte da nossa experiência aqui na terra, por isso, sempre que a oportunidade de amar se apresentar em sua vida, entregue-se, sinta tudo com intensidade e verdade, sem medo, sem culpa.

Não somos obrigados a nada

Os anos passam. A idade cronológica avança. A maturidade chega, nos coloca no colo, ensina e empodera. Maturidade é sinônimo de simplicidade, e isso significa não perder mais tempo com discussões bobas e desnecessárias. Não procurar quem não nos procura. Não fazer questão de quem não faz questão da gente.

E quando querem ir embora, seguramos a porta bem aberta para que possam partir confortavelmente. Sem rancor, sem drama. Além disso, uma das mais felizes e libertadoras descobertas que a experiência nos oferece é a constatação de que não somos obrigados a nada. Ninguém é. A vida pode e deve ser leve. Dramas banais não combinam com a ponderação e sabedoria que a maturidade nos traz.

Sonhos

"Se seus sonhos estiverem nas nuvens, não se preocupe, pois eles estão no lugar certo; agora construa os alicerces."
Autor desconhecido

Li essa frase de um autor desconhecido quando era criança e nunca mais me esqueci dela. São os sonhos que nos mantêm motivados. Eles são combustíveis para nossos dias, principalmente aqueles que não são tão bons assim. Deixar de sonhar é deixar de viver.

Mas acho importante falar sobre não atrelarmos nossa felicidade à realização de alguns desses sonhos. Ou, melhor ainda, é necessário enfatizar a necessidade de nos conhecermos melhor para, então, compreendermos se os sonhos que temos cultivado são de fato nossos e se fazem sentido para quem somos em essência.

O que mais se vê por aí são pessoas frustradas, tristes, que por não terem realizado alguns sonhos sentem-se falidos, perdedores. Muitas vezes o que acontece é que, por falta de autoconhecimento, há quem cresça alimentando sonhos que não são verdadeiramente seus. Sonhos que lhe foram impostos, talvez de forma inconsciente pelos próprios pais ou alguém da família que exerceu algum tipo de influência sobre a pessoa.

No meu caso, por exemplo, meu pai gostaria que eu fizesse Direito para ser uma juíza ou delegada, algo que era um sonho íntimo dele e que inconscientemente ele queria realizar através de mim, tentando me convencer de que era a melhor opção. Outro fator decisivo são os padrões que a sociedade impõe, e ai daquele que não se encaixar e seguir à risca esse roteiro de felicidade e sucesso. Cresci ouvindo sobre uma sequência inegociável que deve ser cumprida, especialmente pelas mulheres, de ser uma boa filha, uma boa aluna, respeitar os princípios da religião que a família decidiu seguir, fazer faculdade, encontrar o marido perfeito para viver o casamento perfeito, comprar uma casa e um carro e, por fim, ter filhos.

Ser uma ótima profissional, independente, ótima mãe e esposa. Isso significa que, se todas as mulheres fizerem isso, serão pessoas felizes e realizadas? Nem sempre. Eu nunca tive como prioridade me casar. Nunca consegui me imaginar sendo só uma coisa ou outra.

Não tive espaço para expressar a minha verdade durante a adolescência. Não havia espaço para minha voz, minhas opiniões e vontades. Na época eu não sabia, mas o meu grande ato de rebeldia contra as imposições que me foram feitas foi decidir me mudar sozinha para o outro lado do oceano, para mostrar aos meus pais que eu era a dona do meu destino.

A verdade é que nem todas as mulheres sonham em ser mães ou se casar e formar uma família tradicional. Nem todas as pessoas sonham os sonhos que a sociedade diz ser legal, nem todas as pessoas precisam dessas "conquistas" para serem felizes. O sonho de estudar, viajar o mundo e curtir sua velhice rodeado de seus bichos de estimação é tão válido quanto o sonho de quem verdadeiramente deseja casar e ter filhos. O sonho de cursar uma faculdade, fazer mestrado, MBA, entre outros, é tão válido quanto o sonho de empreender, ter seu próprio negócio e não ter cursado nenhuma faculdade.

Não tem essa de sonho certo ou sonho errado. É preciso se conhecer bem o suficiente para saber o que realmente faz a sua alma feliz, porque quando estamos felizes e satisfeitos com as nossas escolhas o Universo cuida dos detalhes e tudo o que precisamos vem, e vem com abundância. Então, não escolhemos os sonhos que nos darão mais dinheiro, status ou prestígio.

Quando sabemos quem somos de verdade e aceitamos o que nosso coração e nossa alma anseiam, escolhemos realizar os sonhos que fazem sentido para nós. Lembrem-se disso, os seus sonhos não precisam fazer sentido para ninguém além de você. E se os sonhos da sua alma estiverem nas nuvens, a sua missão aqui neste plano é de construir os alicerces. Então, mãos à obra!

O que pode apenas ser sentido

O que me encanta hoje em dia já não é mais o tangível, o visível ou o previsível. O que me encanta, me fascina e me inspira são as coisas que me iluminam e elevam meu espírito. Tudo aquilo que pode apenas ser sentido. Tudo aquilo que pode ser percebido e apreciado apenas com os olhos da alma.

A magia e as surpresas da vida. As borboletas no estômago que o desconhecido provoca. O que verdadeiramente me emociona, me toca e me transforma são os momentos e sentimentos que gentilmente me fazem lembrar que estou viva. As experiências, as memórias, os cheiros, os sabores, os arrepios na pele, é por isso e para isso que vivo.

Quero surpreender e ser surpreendida pela beleza que somente a sensibilidade e gratidão de um coração podem perceber. Vivo neste plano com um pé no campo astral, tentando me equilibrar entre viver no agora e viver na eternidade, entre ser um corpo e também ser luz. Vivo buscando uma evolução silenciosa, um sucesso que tem mais ver com quem eu me torno dia após dia do que qualquer outra coisa.

O ordinário também pode ser extraordinário

Sempre fui sonhadora, me aventurei mundo afora em busca de momentos e experiências extraordinárias e, durante um tempo, acabei me esquecendo da importância dos momentos comuns, simples.

Quando era criança, eu e meu pai sempre assistíamos ao noticiário juntos. Confesso que preferiria assistir a coisas mais atrativas para uma criança, mas eu amava esse momento em que podíamos fazer algo juntos. Meu pai saía de casa muito cedo para trabalhar e voltava muito tarde, então tínhamos pouco tempo para aproveitar a companhia um do outro.

Eu sei que com a correria do dia a dia é fácil nos esquecermos da importância de algumas coisas que até parecem triviais, mas é preciso lembrar que é na ordinariedade do nosso cotidiano que a vida acontece. Acordar com saúde é comum para a maioria das pessoas. Algo tão trivial que nem pensamos sobre isso com a profundidade que deveríamos. É só quando estamos doentes ou quando alguém que amamos adoece que entendemos o valor da saúde.

Uma ligação, uma mensagem de texto, um áudio para nossos amigos, amores, entes queridos são tão comuns que talvez a gente nunca tenha nem agradecido por poder falar com quem amamos a qualquer momento, seja virtual ou presencialmente. Mas, ao perdemos essas pessoas, percebemos que daríamos tudo para ouvir a voz delas só mais uma vez, para ter um último abraço, sorriso, uma conversa boba com aqueles que um dia protagonizaram os momentos mais corriqueiros da nossa vida. Isso torna-se um sonho impossível.

Todos esses anos da minha vida em que estive distante, ausente em aniversários, casamentos e tantas outras datas significativas, aprendi a importância dos momentos ordinários. Não podemos nunca perder a capacidade de ver beleza, amor e felicidade na simplicidade do que é tão comum que, por vezes, pode se tornar quase imperceptível. Extraordinário mesmo é saborear cada fatia da vida, descobrindo e nos surpreendendo com todos os ingredientes e sabores, como se fosse uma daquelas sobremesas que comemos bem devagar para que não acabem tão rápido.

As areias do tempo

Não quero me despedir desse mundo sufocada pela frustração dos sonhos que não realizei e das coisas que não vivi. Não quero viver vendo a vida passar por mim. Não quero que as areias do tempo escapem por entre os meus dedos sem que eu possa agarrá-las e senti-las verdadeiramente. Tenho sede de beber das aventuras do mundo, tenho fome de todo o amor que posso sentir.

Quero amar pessoas, lugares, momentos. Quero amar sem pressa tudo e todos que puder incondicionalmente. Quero me preencher de todos os sentimentos bons que flutuam por aí até transbordar amor pelos poros da pele e da alma. Quero que o sopro suave do tempo balance meus cabelos enquanto percorro os caminhos que a mim foram designados pelos mistérios da criação. Quero andar de mãos dadas com a sinergia do destino.

Quero viver todos os dias como se a vida fosse um milagre, porque é isso que ela é. É o milagre mais lindo e grandioso de todos, por isso me sinto na obrigação de fazer valer a pena cada segundo do meu tempo aqui.

Fomos tudo o que precisávamos ser

Durante grande parte da minha vida, fui mais sombra do que luz. A maior parte dos meus trinta e poucos anos foi mais cinza do que ensolarada.

E de vez em quando me pergunto: "E se tivesse sido diferente? Quem eu seria hoje? Sobre o que eu escreveria? O que me inspiraria?". Apesar de saber que nunca encontrarei respostas para essas perguntas, gosto de pensar sobre isso.

Gosto de reconhecer, sentir e acolher as minhas sombras. Às vezes a escuridão me abraça. Quando ela chega, eu a recebo com resignação pois entendo que ali, nas entrelinhas dos sentimentos que essas fases me fazem sentir, há muito o que entender e aprender.

Às vezes a escuridão me sufoca. O coração aperta, vem o nó na garganta e a sensação de angústia. Mas é na respiração profunda, nos suspiros de alívio que acontecem logo após esses momentos que sinto a vida verdadeiramente. Tenho aprendido que preciso desses momentos de reticências. São eles que me fazem apreciar minha existência e sentir a energia vital e imponente que me permite estar viva de forma visceral e real.

E quando o sol volta a brilhar no meu mundo, tudo faz sentido. As peças do quebra-cabeças se encaixam, a luz me ampara, me conforta e afaga minha alma. Não seríamos o que somos sem um pouco de escuridão. Não seríamos tudo o que somos se não fosse tudo aquilo que já fomos. Em todas as fases, em todos os ciclos, sejam eles de luz ou escuridão, fomos tudo o que precisávamos ser, fomos o melhor que poderíamos ser.

Vibrar na fé

A verdadeira felicidade é leve, simples e minimalista. Tudo aquilo que pesa, sufoca e causa ansiedade vem do Ego. Então, desapegue-se dessa necessidade de querer controlar tudo e, finalmente, entenda que desapegar não significa não se importar.

O desapego está ligado a confiar e saber que de nada adianta querermos muito algo, ou alguém, e forçarmos para que as coisas aconteçam a qualquer custo e do nosso jeito. A verdade é que o que tiver que ser será.

Desapegar-se é respeitar, aceitar e viver o fluxo. Fluir com a vida sem apego é saber estabelecer conexões profundas e verdadeiras com tudo e com todos, sem depender disso para ser feliz, inteiro e completo. O Universo (Deus) tenta nos ensinar, a cada decepção, lições valiosas que precisamos aprender. Não estamos aqui por acaso, não viemos para este plano a passeio. Nossa evolução é o sentido de tudo. Nosso crescimento enquanto seres, almas, espíritos é o que nos trouxe até aqui. Estamos onde deveríamos estar e iremos para onde devemos ir, então, em vez de vibrar na ansiedade, comece a vibrar na fé e entregue-se ao fluxo.

De alma para alma

Eu sei que você carrega feridas que te causaram e talvez ainda causem dores imensuráveis. Eu sei que você carrega histórias de situações que talvez nunca possam ser contadas. Eu sei que você já pensou em desistir de tentar ser feliz, porque às vezes a ideia da felicidade te parece muito distante.

Mas eu também sei que, em algum cantinho silencioso do teu coração, você sabe que merece ser feliz. Por mais que você sinta que merece, as vozes dos traumas, dos medos e das crenças limitantes que você carrega te dizem que você não é capaz, que você não é bom o suficiente.

Minha alma quer dizer para a sua que a única voz que você deve ouvir é a do seu coração, porque o resto é ilusão. Essas ilusões criadas pelo Ego quase sempre são confundidas com direções a serem seguidas por nós. O

Ego quer separar, comparar, e o coração quer apenas ensinar a amar e a aprender a receber amor. É preciso silenciar o Ego para ouvir a voz do coração com clareza.

É preciso trabalhar no que permanece quando todas as ilusões se dissipam. Quando o corpo físico morre, o que fica é o que realmente somos, nossa alma, nosso espírito, a essência que nos permite simplesmente ser. Então trabalhe munido da inspiração, beleza e bondade que vêm do seu espírito. Conecte-se com a verdade com que a sua alma foi presenteada. A sabedoria atemporal que carregamos é um presente do divino, e ele fala através daquilo que chamamos de intuição do coração, por isso ouvi-lo é tão importante para nossa felicidade neste plano.

Nada deve ser mais importante do que a sua paz de espírito e a sua saúde física e mental. Porque não há dinheiro, fama ou poder que sejam capazes de curar algumas das dores que carregamos. Por mais clichê que isso soe, a felicidade estará sempre à nossa espera, nos detalhes, na simplicidade e na verdade de nossos corações.

Por isso, invista tempo e energia para curar tudo aquilo que te afasta e te separa da capacidade de encontrar a felicidade em cada dia vivido, porque, apesar de nem todos os dias serem bons, sempre teremos algo bom para agradecer e celebrar, todos os dias.

E que assim seja

Que nunca nos falte humildade para reconhecer nossos erros, nossas falhas e pedir perdão quando for necessário. Que nossos sonhos sejam grandes, mas que jamais deixemos de nos contentar com o pouco.

Existe muita beleza na simplicidade, existem muitos motivos para ser feliz escondidos nos detalhes. É preciso programar nossa mente para agradecer e contemplar os pequenos e os grandes milagres que a vida constantemente nos oferece. Que nossos olhares sejam sempre de justiça, compaixão e empatia. Que nossos ouvidos sejam sábios para absorver somente o que é bom, construtivo e engrandecedor. Tenhamos sabedoria para filtrar e ignorar o mal, que a nossa boca seja abençoada com palavras que agregam, acalmam, consolam, ajudam, e que saibamos controlar a língua que insiste em proliferar o mal ou falar daquilo que não lhe cabe julgar.

Que tenhamos consciência e discernimento para permanecer em silêncio quando nada de bom puder ser dito. Que a nossa vida seja uma trajetória bonita, de resiliência, superação, aprendizado e evolução. E que nunca nos falte fé para permitir que seja feita sempre a vontade de Deus. Que nunca nos falte amor para poder sobreviver em meio a tanto ódio.

E que, acima de tudo, tenhamos sempre confiança e esperança de que dias melhores estão à nossa espera.

Tempo para a vida

Vá para onde puder respirar livremente. Se te sufoca, oprime e reprime, não é o seu lugar, não é com quem você deveria estar. Encontre tempo para a vida. Às vezes, estamos tão ocupados tentando sobreviver e acabamos nos esquecendo de viver. Precisamos encontrar espaço em nossa vida para fazer mais de tudo aquilo que alimenta e nutre a nossa alma.

Foque no progresso, e não na perfeição. Pode soar como clichê, mas é sobre a jornada, sobre o caminho, sobre tudo aquilo que vivemos e aprendemos todos os dias e não sobre a linha de chegada, sobre acertar sempre, sobre saber sempre o que fazer ou para onde ir.

A sua paciência é o seu superpoder. Algumas coisas demorarão para acontecer, alguns ciclos chegarão somente para nos ensinar que a lentidão em que algumas coisas acontecem é necessária e importante para o nosso desenvolvimento. O momento presente é precioso, valorize o agora, porque cada dia é uma vida. Não tenha pressa, mas não perca tempo, seja feliz sempre que puder, porque um dia tudo que restará sobre nós serão apenas histórias.

Procure pela essência, olhe com calma

A atração física é somente parte da fórmula. Você vai precisar também de muitas risadas, cumplicidade, amizade, respeito, honestidade e muita lealdade para o amor dar certo. Nem só de aparências vive um relacionamento, por isso atente-se a todas as outras qualidades e atributos de uma pessoa ao relacionar-se com ela.

Procure pela essência, olhe com calma. Olhares e sorrisos contam histórias reveladoras sobre o passado e o presente. Escute com o coração, ame com verdade e honestidade. Admire o físico, mas se permita se encantar pelo brilho especial da luz que as pessoas irradiam. E, no entrelaçar dos dedos, sinta a energia que conecta, aproxima e arrepia a pele e a alma.

Aqueles que julgam jamais irão entender, aqueles que entendem jamais irão julgar

A sua vida nunca será totalmente sua enquanto você se importar com a opinião alheia. Somos responsáveis por nossas atitudes, comportamentos, escolhas e todas as consequências que se seguem a partir disso, e acredito que devemos, sim, agir sempre com muita responsabilidade emocional para nunca machucar ninguém.

Mas a verdade é que não podemos controlar como as pessoas interpretarão a nossa forma de ver e viver. Percorrer nossas jornadas com o peso da opinião dos outros a cada decisão que tomamos é pesado, sufocante e nos impede de avançar, de trilhar os caminhos bonitos que o destino nos oferece. Não seja refém do achismo, das deduções e especulações dos outros. Assuma as rédeas da sua vida, aja com amor, respeito e consideração, mas não deixe de fazer tudo aquilo que faz o seu coração vibrar por medo de ser julgado. Aqueles que julgam jamais irão entender. Aqueles que entendem jamais irão julgar.

Amar é sentir-se em casa no abraço de alguém

Eu acredito no tipo de amor que não exige que estejamos a todo o momento provando nosso valor. Eu acredito no amor que traz sossego, calma e aconchego, não ansiedade. Porque amar é sentir-se em casa no abraço de alguém.

Eu acredito no amor que acontece através de conexões que fluem com naturalidade, leveza e que trazem paz. Eu acredito no tipo de amor que permite que as pessoas simplesmente sejam quem elas são, do jeito que são, sem serem questionadas, criticadas ou hostilizadas por isso.

Eu acredito no tipo de amor que cura, conecta, preenche e transborda. Por isso, nunca me contentei com migalhas. Dentre tantas coisas medíocres que temos que lidar em nossa vida, o amor não deve ser uma delas.

Intensidade

Nunca gostei do mais ou menos. O morno nunca me satisfez. Nunca me contentei com sentimentos rasos. Os molhos insossos não agradam o meu paladar. Os textos sem alma não me tocam, por mais que as palavras sejam bonitas. Eu não sei ser metade e por isso não aceito migalha. Nem da vida, nem de ninguém.

Eu quero tudo e tudo que quero eu quero com vontade, com ânimo, com emoção, com verdade, com tudo que há em mim. Há quem diga que viver com intensidade é perigoso. E talvez até seja mesmo, mas eu prefiro viver sentindo o sangue pulsar em minhas veias, sentindo o vento do desconhecido soprando forte e bagunçando meus cabelos do que viver uma vida sem cor e sem sabor. Eu prefiro sofrer as consequências da minha coragem a pagar um preço alto por causa dos meus medos. Eu prefiro o risco ao conformismo. Eu escolho viver em vez de só existir.

O meu centro é o amor

Tenho ocupado o meu tempo com as coisas aqui de dentro. Ando priorizando a minha paz. Cultivando o meu sossego. Buscando alimentar a minha fé e enfrentando os meus medos.

Tenho me permitido sentir as emoções que me visitam. Às vezes elas trazem dor, desconforto e a necessidade de confrontar minhas certezas, crenças e valores. Por vezes me perco nos tropeços, mas meu coração logo me traz para o centro. O meu centro é o amor. Meu passatempo é mesmo amar.

Então, sigo amando, acolhendo e tendo paciência com o que vou descobrindo sobre mim pelo caminho. O meu bem-estar tem sido meu ritual mais precioso.

A esperança de que tudo vai melhorar

O dente-de-leão é uma planta que pertence à mesma família do girassol. A simbologia dessa linda planta é envolta em mistérios. Versátil, ela enfrenta a adversidade de qualquer solo e consegue se fortificar e crescer. Seu nome varia de acordo com a região. No Nordeste, por exemplo, é conhecida pelo nome Esperança. Em italiano, o nome da dente-de-leão é *soffione*, que significa "grande sopro". O poético nome faz alusão ao sopro que docemente espalha suas sementes como se fossem pequenos desejos que, ao cair em determinado lugar, tornam a florescer. Na mitologia grega, acredita-se que Teseu, para ficar forte o suficiente para enfrentar e derrotar Minotauro, se alimentou dessa planta por trinta dias seguidos. Ainda que eu não enfrente feras mitológicas no meu dia a dia, busco me alimentar da simbologia dessa planta. Para mim, a dente-de-leão significa força, esperança, transformação e recomeço. A cada sopro de vento, desejos são plantados no terreno fértil da vida e florescem, em um ciclo que nos faz perceber que os frutos dos desejos foram ouvidos pela sabedoria divina.

São espalhados pelos quatro ventos,
Para não deixar cair no esquecimento
A esperança que, melhor, tudo vai ficar.

O que me permitiu chegar até aqui foi essa tal esperança que, mesmo quando tudo vai de mal a pior, insiste em soprar baixinho em nosso ouvido que as coisas vão melhorar. Quando acreditamos nisso de corpo, alma e coração, não tem como ser de outra forma. A vida nos desfaz e nos desconstrói, mas o vento do destino, ao soprar, leva consigo esses pequenos pedaços de nós que são plantados aqui e ali. Não voltamos a ser o que fomos, mas plantamos sementes. Depois de todo sopro forte que abala as nossas estruturas, renascemos, florescemos e nos tornamos melhores. Sempre melhores do que antes. Permita que o vento do destino sopre forte e te leve para terrenos mais propícios, onde suas sementes germinarão com mais força, mais vida e mais potência.

Aprenda, floresça, torne-se sua melhor versão sem medo, sem culpa. Eu desconfio que é isso que a vida espera de nós.

Infinitas possibilidades

Essa é uma das minhas frases favoritas. Se eu tivesse que resumir minha jornada ou ao menos recapitular tudo aquilo que vivi até aqui, com certeza a expressão que usaria para definir tantos momentos é a de infinitas possibilidades.

Eu sempre fui uma criança curiosa, pensativa e muito reflexiva. Me lembro que o principal elemento que compunha minhas brincadeiras era a imaginação. Passava horas contemplando e me aventurando em universos fruto da minha mente.

Antes de dormir, eu abria a janela do quarto e, observando o céu estrelado, imaginava como seria o céu em outras partes do mundo. Seria tão estrelado como na pequena cidade onde eu morava? Será que havia outra pessoa, em uma parte remota do mundo, que também estava olhando para o céu naquele exato instante?

Eu imaginava como seria a vida em outros países, outras cidades, outros continentes. Mesmo não compreendendo quão imenso o mundo era, a simples ideia de haver outras oportunidades, culturas, pessoas, cheiros, sabores e sensações me encantava. Era um mundo de infinitas possibilidades que me inspirava e fazia meu coraçãozinho de criança bater acelerado.

Eu sempre tive um grande fascínio pelo desconhecido. E o mais curioso é que ninguém me incentivou ou me ensinou a pensar assim. O encantamento pelo desconhecido e tudo que isso poderia me oferecer nasceu comigo e sempre fez parte da minha essência.

Se naquela época, quando meu maior trunfo era minha imaginação, alguém me dissesse que meus sonhos se realizariam, eu provavelmente não iria acreditar. Parecia impossível de acreditar que eu iria mudar de cidade e até de país. Que iria, na verdade, morar em vários países, falar outros idiomas e viver tantas coisas incríveis.

Mas, correndo o risco de ser contraditória, uma parte de mim sempre soube. Eu sempre senti o excitamento que a ideia das infinitas possibilidades me traziam, e hoje, depois de viver tantas coisas e situações improváveis como cobrir o casamento real, ver a rainha Elizabeth II de perto, trabalhar para o Bill Gates e ficar cara a cara com ele, fico feliz em poder afirmar com propriedade que as infinitas possibilidades estão sempre dançando ao nosso redor, esperando que a gente as abrace, que a gente mergulhe no desconhecido e realize toda e qualquer coisa que o nosso coração desejar. Como brilhantemente disse Walt Disney, se é possível sonhar, é possível realizar. Acredite!

Agradecimentos

Agradeço à toda a equipe da Nacional pela confiança e oportunidade de realizar o meu sonho de publicar um livro. Agradeço à minha família e aos meus amigos que sempre me incentivaram e acreditaram em mim.

Este livro foi reimpresso em março de 2023 pela Editora Nacional.
Impressão e acabamento pela Gráfica Impress.